FARUK DİLAVER

Tropfen aus der Tiefe des Herzens

"Gender"-Hinweis zur geschlechtlichen Bezeichnung

Die in diesem Buch verwandten Begriffe wenden sich gleichwertig an Frauen und Männer. Die verwendete maskuline bzw. feminine Sprachform dient zur Vereinfachung der Lesbarkeit, ohne ein Geschlecht bevorzugen oder benachteiligen zu wollen.

Vorwort

Sehr geehrte Leserin, sehr geehrter Leser,

bitte lasst uns dieses Buch nicht oberflächlich lesen.

Lasst uns lesen und lernen,

über das Erfahrene neue Erkenntnisse gewinnen,

und die dargelegten Themen fühlen und "erleben".

Lasst es uns immer und immer wieder lesen, bis das Gelesene "erlebt" wird.

Betrachtet dieses Buch nicht wie ein gewöhnliches Buch, sondern als tropfende Wahrheit aus der Tiefe des Herzens.

Faruk DİLAVER

Der Wissende wird aus kilometerweiten Entfernungen den Duft der Rose wahrnehmen. Der Unwissende wird die Schönheit der Rose direkt vor der eigenen Nase nicht erblicken können. Seine Augen, seine Blicke werden am Dorn der Rose hängenbleiben. Dem Blinden von der Schönheit zu erzählen, dem Gehörlosen die Trommel zu schlagen bedeutet umsonst zu ermüden.

Lasst uns lieben, und geliebt werden -
Lasst uns in Liebe leben
Lasst uns einen Freund wie Yunus Emre finden
und uns die Sache erleichtern
Eines Tages wird die Frist enden,
Die Erde wird die Erde verschlingen,
Die Seelen werden zum Schöpfer fliegen.
Diese Welt wird Niemandem verbleiben.

Lasst uns erst lieben und danach geliebt werden. Lasst uns sogar lieben, ohne die Erwartung zu haben geliebt zu werden. Seid verständnisvoll. Lasst uns zu denen gehören, die jederzeit für Alle Verständnis aufbringen, ohne als Gegenleistung Verständnis von Anderen zu erwarten. Lasst uns geben. Lasst uns nicht in die Versuchung geraten immer nur nehmen zu wollen, lasst uns zu den Gebenden gehören. Diese Welt wird schließlich Niemandem verbleiben. Lasst uns nicht unserer Triebseele (körperlichen Gelüste) folgen.

Diese Welt ist vergänglich, lassen wir uns nicht von ihr täuschen. Lasst uns einen Yunus Emre suchen, ohne uns selbst eine Barriere aufzubauen, indem wir sagen: „Ich bin belesen und belehrt".

Wer war dieser Yunus Emre, dessen Gedanken und Gedichte uns noch heute über alle Religionen hinweg in ihren Bann ziehen? Yunus Emre lebte als wandernder Derwisch und entwickelte eine humanistische Einstellung, die in seinen Gedichten zum Ausdruck kommt.

Er lebte im 13. Jahrhundert in Anatolien und schrieb seine Gedichte in türkischer Sprache, die man erst nach seinem Tode sammelte und im Gedichtband "Yunus Emre's Divan" zusammenfasste.

Zentrales Thema seiner Gedichte ist die sufistische Philosophie. Die Themen, die in den Gedichten behandelt werden, sind Begriffe und Gedanken die das Leben betreffen, wie z.B.: die Einheit, die Sehnsucht, der Mensch, Gott, das Leben, die Liebe, der Frieden, die Lebensfreude und das Universum.

Der Mensch ist für ihn ein vom Schöpfer geschaffenes „Geschöpf der Liebe", und durch die Liebe gelangt der Mensch zu seinem Schöpfer.

Lasst uns mit ihm Freund werden und mit ihm nach DEM suchen, der uns näher ist als unsere Halsschlagader.

Um das umzusetzen, müssen wir als Erstes unseren Glauben stärken. Erwartet von keinem anderen Lebewesen Unterstützung und fürchtet euch vor niemandem, außer vor dem Schöpfer (HAK). Lasst uns nicht argwöhnisch sein. Fragen wir uns selbst: Wer kann allmächtiger und wissender sein als Allah?

Dann lasst uns nur Zuflucht bei IHM finden und mit IHM suchen. Was immer wir auch suchen, lasst uns das Richtige mit IHM finden.

Oh, Du Diener, auf der Suche nach dem Schöpfer! ER hat Dir seine Adresse durch seine Gesandten übermittelt: *„Ich war arm, Du hast mir nicht geholfen, ich war bedürftig, Du hast mir keinen Schutz gewährt, ich war hungrig, Du hast mich nicht gesättigt"*, so beschrieb er uns, wo und bei wem wir ihn finden können.

Dieser erhabene Allah war ein verborgener Schatz, der sich selbst offenbaren wollte. Er teilte seine Liebe mit sich selbst. Aus dieser Liebe entstand das „göttliche Licht" (Nur). Sein Name wurde Mohammed (a.s.s.). Aus diesem Licht schuf ER die Menschheit und zu seinen Ehren die Sphären und Welten. Aus diesem Grund ist Dein wahres Wesen nicht aus der Erde, sondern aus diesem göttlichen Licht. Du solltest Deinen wahren Ursprung lieben. Derjenige, der seinen Mohammed (a.s.s.) nicht mehr liebt als sein Hab und Gut, seinen Lebenspartner (Ehepartner), und sogar mehr als sein eigenes Leben, dessen Glaube an Allah wird nicht vollkommen sein. Ihn zu sehen, ist als hätte man Allah gesehen. Er ist ein Gesandter, er wird uns zum Schöpfer führen.

Einige der Menschen sind seine Erben, diese werden uns zu IHM bringen. Diese Menschen sind mit dem Charakter Allahs ausgestattet. Alle Eigenschaften des Schöpfers sind bei Ihm sichtbar. Unser allmächtiger Allah hat den Menschen erschaffen, und als seinen Vertreter auf die Erde gesandt.

Der Grund der Schöpfung des Menschen ist Allah zu repräsentieren. Aber welcher Mensch darf sein Vertreter sein? Der Mensch, der seinen Ursprung gefunden hat. Derjenige, der sich die Sitten unseres Propheten angeeignet hat, der die guten Eigenschaften und Tugenden repräsentiert. Der freie Mensch, der sich von den Begierden und Wünschen seines Körpers befreit hat. Allah teilte mit: „Ich bin das sehende Auge, der sprechende Mund und die haltende Hand dieser Menschen!"

Oh, Du Menschensohn! Ob Du es weißt oder nicht, Du lebst mit den Eigenschaften des allmächtigen Schöpfers. Mit der Fähigkeit des Sehens kannst Du sehen. Mit der Fähigkeit des Hörens kannst Du hören. Mit der Fähigkeit des Sprechens kannst Du sprechen. Mit der Fähigkeit des Wissens weißt Du! So sehr Du Allah auch verleugnest, Du siehst mit Allah und Du hörst mit Allah. In Wahrheit sieht er, was alle Augen sehen, er hört, was alle Ohren hören. Also erbringt Allah alle Leistungen. Alle Fähigkeiten sind Allahs Fähigkeiten. ER allein ist in der Lage, alle Dinge zu tun. Alle Erschaffene ist von Allah erschaffen. Daraus folgt, dass ER der einzig Existierende ist.

Dein Verstand ist jetzt etwas durcheinander? In welchem Umfang kannst Du diesem Verstand vertrauen? Wie kann man nur mit dem Verstand zum Schöpfer gelangen? Wenn Du einen Verstand hast, dann lasse ihn Deinem Herzen dienen. Dein Verstand soll die Kaaba Deines Herzens vor Götzen und weltlichen Wünschen bereinigen. Lass Dein Herz zu einem würdigen Ort für den Schöpfer werden, indem Du „La ilahe (Es gibt keinen Gott) illallah (außer Allah)“ sagst. Dein Verstand soll die Ankunft des ehrenvollen Gastes an der Pforte des Herzens erwarten. So dass dieser Verstand, ohne irritiert zu werden, ohne einen Schaden davon zu tragen, sein Heil erlangt. Das Polieren des Herzens ist die innere Arbeit, der es bedarf, damit wir das Licht des Geliebten in der Welt widerspiegeln können.

Unser Mohammed (a.s.s.). ist unser Ursprung, unser göttliches Licht. Alle Propheten haben mit ihrem göttlichen Licht ihren Zeitabschnitt vollendet. Am Ende ist dieses göttliche Licht mit einem eigenen Leib ausgestattet auf die Erde gesandt worden. Er zeigte uns die Dienerschaft und brachte uns die Hilflosigkeit bei. Auf der anderen Seite spaltete er mit einem Zeichen den Mond in zwei und repräsentierte die Allmacht Gottes. Mit dieser Handlung zeigte der Schöpfer sein Antlitz. Er ertrug viel Leid und Not, jedoch bevorzugte er die Dienerschaft. „Meine Dienerschaft ist das, wofür ich mich geehrt fühle", sagte er. Er zeigte seiner Gemeinschaft der Muslime die Himmelfahrt, den Weg des Zusammenfindens mit dem Schöpfer. Er sagte: „Führt die Niederwerfung aus (SADSCHDA)." Er sagte: „Stehend (in KIYAM) sollt ihr mit dem Körper ELİF symbolisieren, während der Verbeugung (RÜKN) DAL und während der Niederwerfung (SADSCHDA) MİM. In einem REKA euren Ursprung vertretend, schreibt mit eurer Körperhaltung ADAM (Die Buchstaben im Arabischen; ELİF, DAL und MİM)."

Die Niederwerfung ist höchster Ausdruck der Demut vor Allah. Er teilte uns die erste Anweisung mit, von der Lebenswelt der Flora (Pflanzenwelt) in die Fauna (Tierwelt) und von der Fauna in die Menschensphäre überzutreten. Er ist nicht von uns gegangen, er lebt. Er lebt in jedem einzelnen Erben weiter, die sich seine Sitten, seine Charaktereigenschaften und seine Moral angeeignet haben und sich seinem Sunna gerecht verhalten. Sie sind die Geliebten des Schöpfers, sie sind die Repräsentanten des Propheten. Solch jemanden sollten wir finden und ihn Freund Gottes "DOST" nennen, auf ihn hören und in die Kreise derer eintreten, die ihm ähneln. Lasst uns Herzens-Angehörige sein. Lasst uns in den Kreisen dieser Auserwählten unseren Verstand und unsere Gedanken von allem Weltlichen entledigen.

„Oh lieber Gott! Du weißt am allerbesten, was richtig ist. Lass auch den Schwestern und Brüdern, die diese Zeilen lesen, einen solchen Freund zuteilwerden, dass Sie den Gesandten liebend, ihm so ähneln, dass Sie dadurch den Pfad der göttlichen Liebe und der Zuneigung finden. Indem Sie zu DIR gelangen, sollen Sie den wahren Grund der Erschaffung begreifen. Sie sollen ein Licht für die Menschheit sein und bis zum Ende Ihres Lebens Ihr Umfeld erleuchten. Lass sie zu den wahren Aufgeklärten gehören."

Ich suche einen Freund,
Der mit göttlicher Liebe in die Welt geboren wird.

Auch wenn er die Liebe auf der Welt findet,
Jedoch nicht die wahre Liebe in ihr findet.
Ich suche einen Freund, dessen Feuer gelegt ist zum entfachen.
Auch wenn sein Holz an der Feuerstelle durchnässt sein sollte,
Jemanden der nicht davonrennt, wenn das Feuer entfacht und die Flammen springen...

Mein Seelen-Freund! Der Mensch ist der Vertreter des Schöpfers auf der Erde; der Ehrenhafteste unter den Erschaffenen. Die Engel verbeugen sich vor ihm, er ist der Ort der Niederwerfung für die Engel. Das göttliche Licht leuchtet im Antlitz des Menschen. Die Geheimnisse des Schöpfers hört man aus dem Mund eines Menschen. Dieser Mensch ist derjenige, den Allah „Mein Geliebter" nennt, der sich von den negativen Einflüssen der Welt entledigt hat, dessen Herz das Kaaba geworden ist.

Dieser Mensch hat sich von allem Druck und allen Ängsten befreit und dient allein dem Schöpfer. Er handelt mit dem Wohlwollen des Schöpfers und dient nach seinen Anweisungen.

Komm, lerne Dich selbst kennen, mache Bekanntschafft mit Deinem Ursprung. Befreie Dich vom Trugschluss dieser Welt. Wer in diesem Schläfrigkeitszustand des irdischen Geschehens lebt, wird in seinem Begehren nach Hab und Gut niemals gesättigt sein. Er wird immer mehr und mehr besitzen wollen, am Ende alles liegen lassen und gehen. Er wird nichts von alledem, wofür er sein Leben verbracht hat, mitnehmen können. Lieber Allah, was ist das für eine Verträumtheit, was ist das für eine Sorglosigkeit? Der Mensch verbringt sein Leben damit, Reichtümer in großen Mengen in seinen Besitz zu bringen und anzuhäufen. Um zu leben müssen wir arbeiten und verdienen, aber wir sollten nicht die Sklaven von Hab und Gut werden. Wir sollten uns auch ein wenig auf das, was nach dieser Welt kommt, vorbereiten. Wir sollten nicht Sklaven dieser Welt sein, sondern dem Besitzer, dem alles gehört, ein treuer Diener sein.

Du wurdest von einer Mutter geboren und hast einen Fuß auf diese Erde gesetzt. Zuvor warst Du in der Welt der Seelen. Deine erste Heimat war dort. Jetzt ist die Welt Deine zweite Heimat. Nach dieser Welt wirst Du in die Welt des „Berzah“, Deine dritte Heimat, übergehen. Deine vierte Heimat wird die neu aufgebaute Welt, der Ort der Wiedererstehung, sein. Deine fünfte Heimat wird das Paradies oder die Hölle sein. Deine sechste Heimat wird das

AND-Paradies sein. Hier werden die Menschen auf Sandhügel steigend den allmächtigen Schöpfer sehen.

Mein Seelenfreund, Deine erste Geburt hattest Du auf dieser Erde, verwirkliche auch die zweite Geburt. Die erste Geburt ist die physische Geburt, die zweite Geburt wird die Geburt der Seele in die Wahrheit sein. Diese spirituelle Geburt kann nur durch das Herz eines Heiligen stattfinden. Die körperliche Geburt der Menschheit wird von einer Frau ausgetragen, die spirituelle Geburt hingegen erfolgt durch einen Mann. Die Frau ist eine Spiegelung der physischen Welt, der Mann ist eine Spiegelung der spirituellen Welt. Alle weltlichen Ereignisse haben auch eine Wahrheit. So wie die Geburt, findet auch das Sterben zwei Mal statt. Der erste Tod ist der spirituelle Tod; das Sterben vor dem Sterben. Dieser Tod tritt vor dem physischen Tod ein. Bei dem physischen Tod kommt der Todesengel (Azrael) und entzieht die Seele aus dem Körper. Bei dem spirituellen Tod nimmt ein Freund Gottes die Seele mit seiner Anziehung aus dem Körper heraus, anschließend lässt er sie wieder frei (die Seele geht zurück in den Körper). Das Sterben vor dem Sterben bedeutet, zum Freund zu gelangen, in dem man in dem Menschen, der mit dem Schöpfer zum Schöpfer geworden ist, den Schöpfer erreicht.

Komm, klopfe auch Du an der Tür des Herzens, eines Freund Gottes, indem Du über die Augen eines Freund Gottes in sein Herz herabsteigst, welches zum Kaaba geworden ist. In diesem Herzen befindet sich der allmächtige Schöpfer, der nicht in das Universum passt. Geh Du hinein in die Kaaba, während alle anderen um die Kaaba kreisen.

Indem Du das Glück erfährst, zu denen zu gehören, die sich mit dem Schöpfer vereinen, erlange die Glückseligkeit darüber, dass Du Dein Versprechen einhältst, welches Du Deinem Gott in der Welt der Seelen gegeben hast. Als der allmächtige Schöpfer die Seelen erschuf, rief ER sie alle in seine Gegenwart und ließ sie versprechen, IHN nicht zu vergessen und sich IHM unterzuordnen. Möge Allah uns zu den Dienern gehören lassen, die ihr Versprechen in jeder Heimat einhalten. Möge Allah uns nicht von denen trennen, die ihrem Versprechen treu sind. Denn, wer seinem Wort treu ist, ist auch seinem Ursprung treu. Alle, die ihr Versprechen gegenüber ihrem Schöpfer einhalten, werden nicht vom Schöpfer getrennt sein.

Allah sagt in der Sure al-Baqara: "So gedenkt also Meiner, damit Ich Euer gedenke." Lasst uns keine Handlung ausführen, ohne „Bismillahirahmanirrahim“ (Im Namen Allahs des Allerbarmers, des Allbarmherzigen) gesagt zu haben. Lasst uns bei jeder Gelegenheit, die wir finden „La ilahe illallah“ sagen, hier gibt es keine Bedenken. Jedoch sollte man bei den Namen Allahs "Esmaül Hüsna", die wir nicht kennen und nicht verstehen, vorsichtig sein. Man sollte die Namen und ihre Bedeutung sorgfältig in Erfahrung bringen. Man sollte mit den Namen bedacht umgehen und auch das Maß nicht übertreiben. Dhikr lässt uns dem Schöpfer nahe kommen. Der Dhikr lässt Dein Herz, obwohl Du noch auf dieser Erde bist, in den Gärten des Paradieses spazieren. Es führt herbei, dass Deine Nase, Düfte aus dem Paradies wahrnimmt.

Lasst uns auch unseren Propheten oft loben und grüßen (Salatul-Selam), so wie er es uns mitgeteilt hat. Lasst uns ihn nicht weniger loben, als es ihm zugesteht. Lasst uns ihn so oft wie möglich loben und grüßen. Ihn zu loben heißt, dass der Prophet seine Fürsprache (Shefaat) für Dich einlegen wird. Ihm nahe zu stehen, bedeutet, sich seinem schönen Andenken anzuvertrauen. Den Geliebten Allahs zu lieben heißt, Allah zu lieben. Denn wir wissen nicht genau, Allah in der Art und Weise zu lieben, wie es angebracht ist. Wir können IHN uns nicht vorstellen. ER passt nicht in unsere Vorstellungskraft. ER kann von unserem Verstand nicht begriffen werden. Lasst uns aus diesem Grund SEINEN Geliebten lieben und mit ihm zum Schöpfer gelangen.

Er ist genau genommen der Botschafter der Zuneigung und der göttlichen Liebe. Der Prophet Mohammed (a.s.s.) ist das perfekte Vorbild, um die Liebe zu Allah und die Eigenschaften und Tugenden Allahs zu begreifen. Denn er ist ein Geschöpf, den ER aus SEINER eigenen Zuneigung zu sich selbst erschaffen hat, um sich bekannt zu machen. Wer nicht zu seinem geliebten Mohammed (a.s.s.) gelangt, kann Allahs Zuneigung nicht erreichen. Wer seine Zuneigung nicht erreicht, kann sich nicht dem Schöpfer hingeben.

„Lasst uns nicht bei einem Blick verweilen. Komm Herz, lass uns zum Freund Gottes gehen. Lasst uns nicht im Feuer der Sehnsucht brennen. Komm Herz, lass uns zum Freund Gottes gehen." Es gibt einen Weg von den Augen zu den Herzen, von den Herzen zu den Augen. Lasst uns nicht bei einem Blick verweilen, lasst uns von Herz zu Herz vorbeischauen und auch Yunus Emre mitnehmen. Komm Herz, lass uns zum Freund Gottes gehen. Die Welt ist vergänglich, lassen wir uns nicht täuschen. Lasst uns so schnell wie möglich unsere negativen Eigenschaften und den Eigennutz verlassen. Komm Herz, lass uns zum Freund Gottes gehen, komm.

Ich verfolge einen Pfad,
In die Richtung von Mevlana und Yunus Emre.
Ich verfolge einen Pfad in die Richtung zum Schöpfer.
Meine Suche kann nicht verstanden werden,
Mein Gesuchter kann nicht gefunden werden.
Das Geheimnis dieser Suche wird nicht im Verstand bleiben.
Ich verfolge einen Pfad über die Augen.
Ich verfolge einen Pfad in die Richtung des Herzens,
Zu dem Verstehenden, dem Suchenden, also zu Dir.

In jedem Zeitalter gibt es Shams'ed Din Tabrizi`s, Yunus Emre´s und Mevlana´s. Leider gibt es auch Schwindler, Betrüger und Hochstapler. Vertraue Du Dich dem an, der Dich erschaffen hat. Flehe Deinen Schöpfer an, damit er Dir hilft einen Freund Gottes zu finden.

Eines Tages sah sich eine Prostituierte einen Spielfilm über das Leben Mevlana´s im Fernsehen an. In diesem Spielfilm sah sie ebenfalls eine Prostituierte, die sich an Mevlana wandte, ihn anflehte und so einen Weg aus der Prostitution fand. Diese Szene beeindruckte sie so sehr, dass sie flehend betete: „Mein Schöpfer, gibt es denn kein Mevlana in diesem Zeitalter, bei dem ich mein Leid vortragen kann und meinen Weg der Befreiung finden kann?“ In derselben Nacht erschien ihr ein Heiliger im Traum und sagte: „In jedem Zeitalter findet man einen Mevlana.“ Er gab ihr seine Adresse und lud sie zu sich ein. Am nächsten Tag machte sich die Frau auf den Weg zu diesem Bezirk. Sie fragte nach der Adresse der Wohnung dieses heiligen Menschen und ging dorthin. Als sie dann die Tür öffnete und eintrat und der Person aus Ihrem Traum gegenüberstand, sagte sie: „Oh Mevlana, weißt Du, woher ich komme?“ Doch er sagte: „Sei still, es ist nicht wichtig, woher Du kommst, es ist wichtig, wie Du hergekommen bist. Geh mein Kind und befreie Dich von dort. Die Frau ging an den Ort; an dem sie arbeitete, dort traf sie einen ehrenhaften Mann an der Tür, der ihr einen Heiratsantrag machte. Somit wurde sie von diesem unerträglichen Leben befreit, sie wurde zu einer Reisenden auf dem Pfad des Schöpfers und zu den treuen Freunden des Heiligen Menschen, den Sie aufgesucht hatte. Sie ermutigte fortan die Menschen, die Erkenntnisse der Wahrheit zu erlangen und half anderen Menschen, die Wahrheit zu erkennen.

Egal, wer immer Du auch bist, halte Dich an Jemandem fest, der die Wahrheit gesehen hat und trenne Dich nicht von ihm. Sei Dir gewiss, dass Du auf dem richtigen

Weg bist, indem Du dich jeden Moment Deinem Schöpfer anvertraust. „Lieber, allmächtiger Erschaffer, lass mich nicht von DEINEM Weg abkommen." sagend, befreie Dich von den animalischen Trieben des Körpers und gehöre zu denen, die eine menschliche Seele besitzen. Begreife die Einheit von allem, was Du siehst, indem Du ein guter Beobachter wirst. Erkenne die Einzigartigkeit im System.

Sei gegrüßt, Du Weltreisender! Du hast gelesen und weißt viel, Du hast viele Dinge geschafft. Langsam bereitest Du Dich auf die Abreise von dieser Welt vor. Du bereitest Dich auf die Abreise vor, ob Du es willst oder nicht. Die Organe ermüden und weisen Defekte auf. Die Hände werden faltiger, das Gesicht wird faltiger. Was hast Du während dieser Reise und dem Moment Deines Aufenthaltes auf der Erde gemacht? Was hast Du erwirtschaftet, was hast Du erlangt und was nimmst Du mit Dir mit? Sage nicht: „Ich bin belesen und habe studiert, ich habe vieles geschafft." Du hast viel gelesen, Du hast die Universität besucht, Du hast im Ausland einen Masterabschluss, einen Doktortitel erlangt. Ja, das hast Du erlangt, jedoch hast Du Eines vergessen, Dich Selbst! Du hast vergessen zu hinterfragen, woher Du kommst und wohin Du gehst; Du hast vergessen, warum Du auf diese Erde gekommen bist. Du bist der Gelehrte dieser Welt geworden, aber der Unwissende Deines Selbst. Die Welt hat Dir nicht ausgereicht, sodass Du versucht hast, den Weltraum zu erlernen und nach anderen Welten zu forschen.

Das Wissen und Lernen ist eine schöne Sache. Doch wäre es nicht besser gewesen, auch Dich selbst zu erlernen, auch ein wenig Dich selbst zu kennen? Wer bist Du? Woher bist Du auf diese Erde gekommen? Was sollst Du auf dieser Erde machen? Wohin wirst Du am Ende gehen? Daran hast Du nicht gedacht. Und Du willst nicht daran denken. Denn ich weiß, es bereitet Dir ein Unbehagen, ein Unwohlsein. Aber diese Reise wird vollendet werden. Auch Dich wird die Wahrheit einholen und bedrängen, glaube mir, dann wirst Du es bereuen.

Bitte erbose nicht über mich. Denn ich lebte wie jeder andere auf dieser Erde, bis ich durch einen Autounfall erwachte und die Wahrheit gesehen habe. Ich will Dich nur warnen. Es wird schade sein, sehr schade.

Du bist einer Phantasie verfallen und läufst dem nach. Du kaufst in Unmengen und sparst. Was wirst Du mit Dir mitnehmen können? Das weißt Du nicht. Die Wahrheit, die ich erzähle, bedrückt Dich, Du willst dem keinen Glauben schenken. Du kennst Deinen Schöpfer nicht, der Dich aus sich selbst erschuf und Dich in einem Körper auf die Erde schickte. Aber wie soll auch jemand, der sich selbst nicht kennt, der nicht begriffen hat, dass er erschaffen wurde, um den Schöpfer kennenzulernen, wie soll solch jemand den Schöpfer akzeptieren? Wie soll er an einen Schöpfer glauben? Wenn jemand Dir all dies aufzählt, sagst Du: „Ich kenne keinen Schöpfer, ich habe einen Verstand, ich vertraue meinem Verstand!“ Also, erledigst Du alle Dinge mit Deinem Verstand, Du schaffst alles mit Deinem Verstand. Du vertraust Deinem Verstand. Also ist Dein Verstand Deine Gottheit, denn Du erklärst ihn als heilig. Nur weil Dein Gehirn ein paar Aufgaben und Formeln verfasst und löst, lobst Du ihn zum Himmel und machst ihn zur Gottheit.

Du sagst folgendes: „ Arbeite, verdiene, iss, trink und versuche die Welt zu genießen, und der Rest ist unsinnig.“ Wie hast Du verstanden, dass der Rest unsinnig ist? Ist jemand von dieser Welt gegangen und zurückgekehrt und hat es Dir erzählt? Woher weißt Du das? Hast Du noch nie darüber nachgedacht, was passiert, wenn eines Tages Dein Verstand, dem Du vertraust und welches Du für heilig erklärt hast, nicht mehr funktioniert? Wer wird auf Dich Acht geben und Dich beschützen? Wer wird Dich davon abhalten, Fehler zu begehen, irrationale Handlungen durchzuführen?

Ich habe von Jemandem gehört, der dem Schöpfer gegenüber seinen Verstand als Gottheit deklarierte. Irgendwann konnte diese Person nicht mehr klar denken und seinen Verstand einsetzen. Er tat Dinge, die sein Umfeld störten. Was ist der Verstand für eine Gottheit? Kann eine Gottheit einen Defekt aufweisen? Den Menschen schutzlos im Stich lassen? Was sagst Du zu den Geisteskranken? Wem vertrauen diese Menschen? Wenn wir altern, verliert diese kleine Gottheit seine Aufnahmekapazität und kann sich an nichts mehr erinnern.

Erwache mein Freund, erwache! Auch Dich hat ein Schöpfer erschaffen. All die Elektronen, das Mond- und Sonnensystem, die Galaxien, all dies befindet sich in einem Einklang, sie befinden sich im gleichen Verfahren, mit der gleichen allmächtigen Hand des Schöpfers geregelt. Sie bewegen sich auf einer Umlaufbahn. Während der Satellit seine Umlaufbahn verfolgt und sich dabei um die Erde dreht, rotiert die Erde ebenfalls um die eigene Achse. Nach jeder kompletten Erdumrundung tastet der Satellit einen neuen Streifen der Erdoberfläche ab. Nach einer gewissen Zahl von Umrundungen hat der Satellit die gesamte Erdoberfläche erfasst. Es hält nicht an, bewegt sich kontinuierlich, ohne zu ermüden. Gibt es Jemanden, der heimlich den Antriebsstoff zuführt? Nun wirst Du sagen: „Nehmen wir an, ich bin erwacht, habe die Wahrheit gesehen und den Schöpfer akzeptiert. Es gibt viele Religionen und Auffassungen. An welche soll ich denn glauben? Welche ist denn wahr?“ Glaube an Deinen Schöpfer, flehe IHN an, vertraue Dich IHM an, ER wird Dich nicht irreführen. Der, der Dich ermahnt, wird Dich nicht auf den falschen Weg leiten. Lies das Buch der Wahrheiten, welches Dich ermahnt. Lies das Buch Deines Schöpfers, der Dich aus geronnenem Blut erschaffen hat. Sage nicht: „Ich habe viel gelesen.“

Das, was Du bis heute gelesen hast, hat nicht mal das Maß eines Feigenkernes. Lies lieber über das Geheimnis, wie ein riesiger Baum aus einem Feigenkern entsteht. Sieh, was in einem Feigenkern seinen Platz findet. Vertraue nicht Deinem Verstand, nur weil Du ein oder zwei Schulabschlüsse hast. Bilde Dir darauf nichts ein. Vertraue nicht Deinem Verstand und bekunde ihn nicht als eine Gottheit. Verstehe, dass Du nichts bist und nimm Deine Ohnmacht an, damit Du, wie die Delphine, in die Wissens-Ozeane eintauchst. Lass Deinen Verstand nicht oben verweilen. Tauche mit Deinem Verstand, der sich an Deine Halsschlagader angebunden hat, in Dein Herz. Finde in Deinem Herzen DEN, der Dir näher ist als Deine Halsschlagader. Gelange an die Quelle der Wissenschaft, höre die Wahrheit mit den Ohren Deiner Seele. Wache auf, Du unnützer Verstand, wache auf! Auch Du sagst wie einige: „Ich akzeptiere doch schon die Existenz einer Gottheit, das reicht mir!“ Bemühe Dich nicht, mein Freund. ER wird nicht mit Deiner Akzeptanz existieren. ER war seit jeher da, und ist im Unendlichen und Ewigen da. ER erschuf Dich, um sich bekannt zu machen. Indem Du sagst: „Ich akzeptiere IHN“, bestätigst Du nur den Grund Deiner Existenz. Glauben heißt: eine Existenz, die Du nie gesehen, nie gehört hast, so anzunehmen, als ob Du sie mit all Deinen Sinnen wahrgenommen hast. In SEINER Gegenwart so zu sein, als ob Du Jemandem, den Du kennst und siehst, gegenüberstehst.

Eines Tages sah jemand, wie ein Freund Gottes namens Kuddusi Baba, einen Teich über das Wasser laufend überquerte. Auf dem Rückweg fragte er Kuddusi Baba: „Kuddusi Baba, mit welchem Gebet machst Du das, bitte bringe mir das Gebet bei!“ Er flehte ihn an und bat darum dieses Geheimnis zu erfahren. Darauf antwortete er: „Ich sage -Ya Allah- und laufe!“

Nun fragte er ihn: „Würde es auch klappen, wenn ich -Ya Allah- sage?“ „Selbstverständlich!“, antwortete Kuddusi Baba. Daraufhin sagte dieser neugierige Mann „Ya Allah“ und sprang in Richtung Wasser, aber ohne auf dem

Wasser laufen zu können, tauchte er in das Wasser ein und wurde nass. Er ging erneut zu Kuddusi Baba und fragte ihn: „Kuddusi Baba, Du würdest nicht lügen, sage mir, warum konnte ich nicht auf dem Wasser laufen?“ Kuddusi Baba antwortete ihm: „Du hast es nicht geschafft -Allah- zu sagen, hättest Du es geschafft -Allah- zu sagen, dann wärest Du auf dem Wasser gelaufen. Doch wenn Du es erneut versuchen willst, auf dem Wasser zu laufen, dann sage „Kuddusi“.“ Der Mann sagte „Ya Kuddusi“ und ging zum Wasser, er konnte nun auf dem Wasser laufen.

Dann stillte er seine Neugierde, und lief begeistert kreuz und quer über das Wasser. Anschließend kam er zurück zu Kuddusi Baba. „Gut, ich sagte -Ya Allah- und es hat nicht geklappt, warum hat es aber geklappt, als ich Ya Kuddusi gesagt habe?“

Kuddusi Baba antwortete: „Du konntest nicht -Ya Allah- sagen, aber Da Du mich siehst und hörst, konntest Du Kuddusi sagen. In diesem Moment hat dieser ohnmächtige Mensch anstelle von Dir „Ya Allah“ gesagt und hat für Dich zu Allah gerufen!“

Schaffe auch Du es, wie Kuddusi Baba „Ya Allah“ zu sagen, damit all Dein Tun erleichtert wird. Mögen sich Deine Augen der Wahrheit öffnen und die Ohren Deiner Seele die Wahrheit hören. Jemand, der einen Glauben hat, als wenn er Ihn gehört hätte, wird Ihn hören. Jemand, der einen Glauben hat, als wenn er Ihn gesehen hätte, wird Ihn sehen. Wenn Dein Glaube gereift ist und die Vollkommenheit erreicht hat, wirst Du Ihn wahrgenommen haben und zu den Liebenden gehören, und deinen Platz in den Reihen der Liebenden finden. Immerfort wirst Du IHN sehen und hören wollen. Dein ganzes Anliegen wird sein, Dich nach IHM zu sehnen und mit dem Feuer der Sehnsucht zu brennen. Du wirst jammern: „Ach, würde ich IHN nur wieder hören und wieder sehen."

Wenn Du IHN hörst, wird es dann noch Glaube bleiben? Nun wird die Wahrheit bewiesen sein. Natürlich ist diese Angelegenheit nicht so einfach. Damit das Ohr Deiner Seele hören kann und das Auge Deiner Seele sehen kann, musst Du unter ärztlicher Beobachtung "Diät halten" und Dich bereinigen. Du musst Dich von Deinen schlechten Erkrankungen befreien und ein Mensch werden. Hast Du schon einmal einen Kranken gesehen, der sich durch das Lesen von Medizinbüchern selbst geheilt hat? Man sollte einen Arzt aufsuchen, sich einer ärztlichen Untersuchung unterziehen lassen, damit eine Diagnose erstellt wird. Im Anschluss, sollte man sich durch eine Behandlung der Bakterien und dem Milieu von den Parasiten bereinigen, damit das Ohr hört und das Auge sieht.

Kommt, lasst uns die negativen Tugenden und Eigenschaften ablegen. Nehmen wir Yunus Emre als Vorbild, und werden Weggefährten seiner moralischen Ansichten. Lasst uns nicht bei einem Blick verweilen, lasst uns einander den richtigen Weg weisen. Lasst uns erst mit der Menschheit vereinen und anschließend zum Menschsein gelangen. Dann lasst uns den Schöpfer um einen Freund Gottes bitten, mit diesem Freund Gottes das Wiedervereinen mit dem Schöpfer erreichen. Lasst uns zu den Versammlungen der Freunde Gottes gehen, lasst uns das Antlitz des Schöpfers sehen. Diese Welt wird Niemandem ein treuer Geliebter sein, lasst uns die Welt aus dem Herzen löschen. Lasst uns den Pfad des Menschseins begehen. Unser Leben soll nicht umsonst verstreichen. Komm, lass uns zum Freund Gottes gehen. Komm, lasst uns dahin, wo wir herkommen, so zurückgehen, wie wir hergekommen sind.

Unter unserer Haut,
In der Tiefe des Herzens ist ein Geliebter.
In weiter Ferne...
Wer ihn einmal erblickt, wird jegliche Schönheit vergessen.
Säubere Dich, bereinige Dich und komm.

Vielleicht wird Deine Anziehungskraft diesen Geliebten auf die Oberfläche der Haut ziehen.

Willst auch Du Deinen Charakter verbessern und Dir gute Eigenschaften und Tugenden aneignen, dann lerne die Eigenschaften und Fähigkeiten der Sonne, des Wassers, der Erde und der Nacht. Finde die Eigenschaften in Dir und wende sie in Deinem Leben an.

Hast Du auf die Sonne geachtet? Sie gibt allen ihr Licht, ohne zwischen schön, hässlich, arm, reich, Wiese, Busch, Baum, Blüte, Obst, Gemüse, Dünger etc. zu unterscheiden. Gut und schlecht, sie erhellt alle. Sei auch Du jedem Lebewesen behilflich, die Wahrheit zu finden und erleuchte Sie mit Deinem Wissen, ohne dabei zwischen gut und schlecht zu unterscheiden. Des Schöpfers wegen, wache liebend über alles Erschaffene.

Sei wie das Wasser welches Berg und Tal erreicht, halte jede Hand die sich nach Dir ausstreckt, ob sauber oder schmutzig. Erweise Deinen Dienst, dass der Staub und Schmutz von allen Augen weggewischt wird, dass alle Herzen mit dem göttlichen Licht bereinigt werden.

So wie die Erde seine Gaben uneingeschränkt weitergibt, obwohl jeglicher Dünger und Müll auf die Erde geworfen wird, so lasse Du von den Gaben des Schöpfers neue Keime sprießen und biete diese spirituellen Nahrungsmittel an.

Gehöre zu denen, die wie die Nacht, die Fehler und die Schande anderer verdecken. Wirf Niemandem seine Fehler vor. Wenn Du diese Eigenschaften annimmst und sie anwendest, wirst auch Du ein geliebter Diener vor dem Schöpfer werden.

Belasse es nicht dabei zu lesen und zu erlernen, das Wesentliche ist es, sich zu verändern. Viel zu wissen steigert die Verantwortung vor dem Schöpfer. Setze das, was Du weißt, schnellstmöglich um. Erzähle von keinem Wissen, was Du nicht lebst. Lebe es zuerst selbst, damit Deine Worte eine Wirkung bei anderen erzielen. Denn ein Mensch, der selbst etwas erlebt hat und umsetzt, wird beim Erzählen seiner Erfahrungen und seiner Erlebnisse betroffen sein. Er wird seine Zuhörer berühren und betroffen machen.

Der einzige Weg, den Schöpfer zu kennen, ist mit dem Schöpfer zum Schöpfer zu werden. Sich in IHM zu vereinigen ist, selbst nicht mehr da zu sein. So wie der Falter zuerst um das Feuer kreist und am Ende in das Feuer fliegt und zu brennen beginnt und nicht mehr da ist. Im Feuer ist er zu Feuer geworden. Ab diesem Zeitpunkt verbrannte es etliche Falter, die in das Feuer gefallen sind.

Mit den Geheimnissen der geistigen Erzählung
werden diejenigen, die die göttliche Liebe erblickten,
einem Falter gleich.
Tag und Nacht, immerfort drehen sie sich.
Sie entfernen sich nicht, nähern sich nicht.
Diejenigen, die die göttliche Liebe erblickten, werden
einem Falter gleich.
Den Einen habe ich in Beobachtung, je mehr man sich nähert, desto näher kommt man,
Alles andere entschwindet bei diesem Anliegen
und man umarmt sich mit dem Feuer.

Wenn Du die Nähe zu Allah willst, verausgabe Dein Leben auf dem Weg Allahs. Dann wirst Du die Nähe zu Allah gewinnen und die Vereinigung erlangen. Die Sorgen auf dieser Erde sind nicht von Dauer. Doch der Schmerz, vom Schöpfer getrennt zu sein, ist fortwährend. Die Geschenke dieser Erde ziehen einen Vorhang vor die Schönheit des Schöpfers. Wenn wir uns von dem weltlichen lösen, wird das göttliche Licht des Schöpfers überall glänzend erleuchten. Verzichte darauf, Sklave dieser Erde zu sein. Werde ein treuer Diener Allahs.

Es gibt sechs Grundsätze des Glaubens. Die Grundsätze, ein Moslem zu sein, sind fünf. Erlerne diese im Detail aus Religionsbüchern und setze sie um. Sei ein guter Moslem. Halte Dich an die Verkündungen unseres Propheten für die Menschheit. Danke Allah für all die Gaben, die ER uns reicht, danke für die Gesundheit und das Wohlbefinden. Halte Dich an SEINE Gebote und bleib fern von Verbotenem. ER ruft Dich fünf Mal am Tag in seine Gegenwart, damit Du Dich mit IHM unterhalten kannst. Warum fliehst Du vor Allah?

Nimm zuerst eine rituelle Waschung vor, die Dein Inneres und Dein Äußeres reinigt. Distanziere deine Gedanken davon, dich mit der Welt zu befassen, denke nur an den Schöpfer. Entledige Dich von allem anderen außer Allah, gehe so rein in seine Gegenwart, wie Du das erste Mal auf die Erde kamst. Rede mit IHM in der Sprache des Korans. Lies die Gebete in SEINER Gegenwart so, dass Du dabei an die Bedeutung -in der Sprache, die Du beherrschst- denkst. Sieh, wie Du IHN anredest und wie ER Dich anredet bzw. Dir antwortet.

Beim Salat musst Du Dein Gesicht in Richtung Kaaba und Deine Seele zu Deinem Herzen ausrichten. Denn das Herz ist die Kaaba im Menschen. Unser allmächtiger Allah verkündete: „Ich passe nicht in das Universum, aber in das Herz meines geliebten Geschöpfes“, und machte diesen Ort zur Kaaba. Aus diesem Grund muss alles andere außer Allah, wie zum Beispiel das Haus, das Auto, das Kind, die Verwandtschaft, aus dem Herzen schwinden. Das Herz muss geleert werden. Ruf unseren Stolz, den Propheten der Welt, der bereits die Kaaba auf der Erde von allen Gottheiten bereinigt hatte und flehe ihn an. Wende Dich an ihn, damit er auch Deine Kaaba von Deinen Gottheiten bereinigt und er Deine Kaaba zu einem Ort der Niederwerfung macht. Ansonsten wird ein unbereinigtes Herz, ein Ort der Niederwerfung für all die Gottheiten sein, die sich darin befinden. Weine mit einem reinen Herzen für Deinen Schöpfer, sodass Dein Herz bis ins Detail gereinigt wird.

Sei Du, Du selbst. Finde Zuflucht bei Deinem Schöpfer, vertraue IHM. Finde einen Freund Gottes wie Yunus, der informiert darüber ist, woher die Menschheit kommt und wohin sie geht. Werde mit ihm, für den Schöpfer, auf dem Pfad zum Schöpfer, ein Wegbegleiter und Seelenfreund. Erleichtere Dir die Aufgaben. Erfahre mit seiner Hilfe Deine schlechten Eigenschaften. Befreie Dich so schnell wie möglich von ihnen. Denke wie ein Mensch und lebe wie ein Mensch. Versuche ein wahrer Mensch zu werden. Deine eigentliche Heimat ist die Unterkunft des

Schöpfers. Öffne die Türen Deines Herzens für den Schöpfer und versuche die Unterkunft des Volkes zu einer Unterkunft des Schöpfers zu machen. Finde Dein wahres Ich, Dein wahres Sein. Denn dann wirst Du die Antworten auf all Deine Fragen finden und Du wirst die Quelle aller Antworten sein. Auch Du wirst dann das Geheimnis behüten und ein Geheimnis sein, welches das Geheimnis gefunden hat.

Der Körper des Menschen ist aus Feuer, Wasser, Erde und Luft entstanden. Doch die Bedeutung ist das reine göttliche Licht, welches Allah von SEINER Seele in ihn einhauchte. So hat der mächtige Schöpfer die Bedeutung mit der Gestalt, die Erde mit der Seele zusammengeführt. So ist Dein Körper zu einem Ort der Wiederspiegelung des Schöpfers geworden. Deine Seele gleicht dem glänzenden Mond im Himmelszelt. Deine Gestalt hingegen ist den Wolken gleich, die im Himmel vor dem Mond stehen. Mein Allah, DU bist seit jeher und DU bist die Unendlichkeit, DU bist das, was wir wahrnehmen und auch das, was wir nicht erfassen können. Alles, was wir haben, ist von DIR. DU bist die Sonne, wir sind der Schatten. Aus DEINEM göttlichen Licht sind wir entstanden. Unser Ursprung bist auch DU, unsere Wahrheit bist auch DU. Wir sind wie eine Staubflocke. DU bist auch Derjenige, der uns von rechts nach links bewegt und trägt. Wir sind unter dem Befehl DEINER Kraft. Das System, die Ordnung des gesamten Weltalls ist das Werk DEINER göttlichen Liebe.

Der Mensch ist der Kern des Weltalls, das Herz der Kern des Menschen. Es gibt einen Weg von den Augen zum Herzen und vom Herzen gibt es einen Weg zu Gott. Diejenigen, die mit dem Herzen sehen, finden über die Augen einen Weg zum Herzen und besuchen das Haus des Herzens und betrachten das, was sich in dem Herzen befindet. Wenn unser Prophet von der Welt des Verstandes in die Welt der Herzen fliegen wollte, sagte er zu Bilal: „Oh Bilal, lass mich mit Deiner schönen Stimme in die Welt der Seelen fliegen!" Danach kehrte er aus der Welt der Seelen, durch das Rufen seiner Frau Aischa zurück.

Nähere Dich dem, der Dich jeden Moment ändert, nähere Dich dem heiligen Wesen und entferne Dich wieder. Darin liegt der wundervolle Genuss. Die Diener Allahs vollziehen ihre Himmelfahrt, indem sie in die Welt des Herzens fliegen. Jemand, der eine Himmelfahrt zum Herzen vollzogen hat, wird sich nicht so einfach von dort lösen wollen. Trunken vor Freude, von dem Genuss, dem Schöpfer nahe zu sein, wird er fasziniert in Bewunderung verfallen. Allah sagte zu seinem Geliebten: „Die Welten, die Sphären, habe ich für Dich erschaffen, Dich habe ich für mich erschaffen, Du bist mein Geliebter." So verkündete er seine Liebeserklärung.

Die göttliche Liebe stammt von den schönen Eigenschaften Allahs. Dem Menschen wird diese göttliche Liebe zuteil, wenn er ein Diener seines Schöpfers ist. Ordne Dich auch den schönen Eigenschaften Allahs unter. Erbitte Sie von Deinem Schöpfer. Versuche die schönen Eigenschaften in Dir anzusammeln. Wenn SEINE schönen Eigenschaften beginnen sich in Dir anzusammeln, werden sich die zu den Eigenschaften gehörenden Geheimnisse in Dir wiederspiegeln. Die verborgenen Schätze des Schöpfers werden sich in Deinem Körper verstecken. Die Nahrung der Seele eines Menschen ist das göttliche Licht Allahs. Die Nahrung vom Körper sind die Pflanzen, Mineralien und Tiere. Wenn Deine Seele anfängt, sich mit den göttlichen Lichtern zu versorgen, wirst Du den tierischen Produkten keine Beachtung mehr schenken. An der Tafel Allahs, wirst Du ein Diener Allahs sein, der mit dem göttlichen Licht genährt wurde, Du wirst eine Rose, welche im Garten des Schöpfers erblüht ist. Der Wissende wird aus kilometerweiten Entfernungen den Duft der Rose wahrnehmen. Der Unwissende wird die Schönheit der Rose direkt vor der eigenen Nase nicht erblicken können. Seine Augen, seine Blicke werden am Dorn der Rose hängenbleiben. Dem Blinden von der Schönheit zu erzählen, dem Gehörlosen die Trommel zu schlagen bedeutet umsonst zu ermüden.

Mein lieber Allah! Gewähre es unseren Freunden, ihre Augen und ihre Ohren zu öffnen, so dass wir alle DEINE Ansprachen und Signale wahrnehmen können. Lass uns DICH in unserem Inneren mit DIR wieder-finden. Lass uns mit dem Wein der göttlichen Liebe Wohlbehagen erfahren. Lass uns von uns selbst befreien. Gewähre es uns, uns an DICH zu halten und fern zu sein von Prahlerei, Nachahmung und vorgetäuschten Hand-lungen. Lass uns der Vielfalt entledigen und die Einheit erlangen. Lass uns von den Gelüsten und den Begierden, den Leidenschaften unserer Triebseele befreien. Lass unsere Herzen mit dem Feuer der göttlichen Liebe entfachen und brennen. Entsagen wir unserem Ego, unserem Dasein, lass uns zu Nichts werden. Lass uns vom Streben nach Ruhm, Anerkennung und dem Eigennutz distanzieren und allein mit DIR die Genugtuung erlangen.

Mein lieber Allah! Zeige uns DEIN Antlitz, ohne einen Vorhang. Wir wissen, wir sind dem nicht würdig, aber hoffen auf DEINE Gnade. Aus dem Nichts hast DU uns erschaffen. Gib DU uns auch die Strebsamkeit, die Stufe zu erlangen, auf der wir DIR gerechte Diener sein können. Wir haben wissend oder unwissend Fehler begangen. Wir sind zu ungehorsamen Dienern geworden, die DEINEN Anweisungen nicht Folge leisten. DU hast diesen Körpern aus Erde und Lehm die Seele geschenkt. Du hast DICH uns erbarmt und uns mit DEINEM göttlichen Licht erleuchtet. Bitte, bereinige auch den Schmutz unserer Herzen und Augen mit DEINEM Wohlwollen und DEINER Gnade. Lass uns nicht auf uns allein gestellt sein. Bringe uns mit DEINER Kraft wieder auf den richtigen Pfad, empfange uns mit DEINER Kraft.

Deine Seele ist ein Schatz, welcher mit den Befähigungen des Schöpfers bestückt ist. Dieser Schatz ist in der Erde verborgen, in der Erde Deines Körpers. Dein Körper ist aus der Erde und wird wieder zurückkehren zur Erde. Deine Seele ist für die Ewigkeit. Öffne Deine Augen in Richtung Deines Inneren, damit Du diesen Schatz findest.

Der Mensch liebt seinen Schöpfer, die anderen Lebewesen auf der Erde lieben den Menschen. So wie der Mensch mit seinem Schöpfer zusammenkommen will, wollen sich die anderen Lebewesen mit dem Menschen vereinen. Sie führen ihre Himmelfahrt aus, indem Sie den Menschen erreichen, sich mit ihm vereinen. All die schönen Nahrungsmittel, das Obst und Gemüse, sie sagen: „Ach, würde mich doch nur ein Mensch verzehren, so könnte ich von der Pflanzenwelt in die Welt der Menschen übertreten.“ Die Pflanzen werden von den Tieren gefressen, somit treten die Pflanzen in die Tierwelt über. Wenn die Menschen das Tierfleisch verzehren, gehen sie in die Welt der Menschen über. Indem sie in die Welt der Menschen übertreten, werden sie zu dem ehrenhaftesten Geschöpf, welches erschaffen wurde. Wenn ein Nahrungsmittel von einem vollkommenen Menschen zu sich genommen wird, vollendet dieses Nahrungsmittel zum Schöpfer gelangend seine Evolution in der Welt des Menschen. Die Evolution wird von den Mineralien zur Erde, von der Erde zu den Pflanzen, von den Pflanzen zu den Tieren und von den Tieren zum Menschen und letztendlich zum Schöpfer fortgeführt.

Das Verlassen einer Welt ist das Sterben, der Übergang in eine andere Welt ist die Geburt. Wie man daraus schließen kann, ist der Tod keine Auflösung oder ein Verschwinden. Der Tod ist eine zeitliche Trennung von kurzer Dauer, der das Verlassen und Einmünden von einer in die andere Welt symbolisiert. Kein Geschöpf, das erschaffen wurde, wird verschwinden. Den Menschen, der im weltlichen Leben schläft, wird der Tod aufwecken. Versuchen wir aufzuwachen, bevor wir sterben. Sonst wird die Zeit zu spät werden. Wir werden ganz gewiss für all die Dinge, die wir auf der Welt getan haben, einzeln Rechenschaft ablegen. Wache auf, unnützer Verstand wache auf, diese Welt wird niemandem verbleiben.

Jeder wahre Gottesliebende ist ein Freund Gottes, sie sind die Geliebten der Gesellschaft. Man sollte viel weinen und Gott unter Tränen anflehen, um einen Gottesliebenden als Freund haben zu dürfen. Dem Schöpfer vertrauend sollte man sich in die Obhut eines Gottesliebenden begeben. In dieser Herzensangelegenheit sollte man den Verstand nicht einbringen. Nun sollte mit dem Verstand der Lebensunterhalt verdient und mit dem Herzen der Weg zu Gott eingeschlagen werden. Indem wir solch einen Freund finden wird vielleicht eines Tages unsere Seele von dem Vater der Zeit (Ebül Vakt), der ein vollkommener Mensch ist, von unserem Körper entzogen und den Zustand des Nichtseins erreichen. Dadurch sieht die Seele die Wahrheit in seiner Vollkommenheit, kehrt wieder in das Leben zurück und erlangt die Ehre, das Kind der Zeit (Ibnul Vakt) zu sein. In jedem Zeitabschnitt ist ein vollkommener Mensch der Vater der Zeit. Seine Seele ist die Achse. Das ganze Universum dreht sich um diese Achse. Er ist die Kaaba des Universums. Er ist für die Menschen wie die Sonne und vermittelt ihnen mit seinem göttlichen Licht die Einheit Gottes. Das göttliche Licht der Einheit wird an alle Seelen von ihm aus verteilt.

Wenn Du auch nur einen Funken der göttlichen Liebe in Deiner Essenz verspürst, lies die Bücher der Gottesliebenden, hör Dir die Gottesgespräche an. Vergrabe nicht die Essenz, die in Dir ist, in die Erde. Hole sie hervor an die Erdoberfläche, lasse sie die Sonne erblicken, damit sie funkelt, glänzt und ihren Ursprung begreift.

Komm mein Lebensfreund, wenn Du Gott finden möchtest. So erbitte im Kreise der Gottesliebenden nur Deinen Schöpfer. Wenn Du nur eine Angelegenheit geklärt haben möchtest, an Deinem Eigennutz bedacht bist, dann halte Dich nicht in den Kreisen der Gottesliebenden auf. An welchem Ort Du Dich auch immer befindest, erbitte Dein Anliegen dort. Bete dort zu Deinem Schöpfer und erbitte im Namen der Gottesliebenden. Hoffe darauf, dass Dein Gebet im Namen dieser Gottesliebenden erhört wird.

Du wendest viel Kraft und Mühe für diese Welt auf, Du bist in Zweisamkeit mit der Erde und verausgabst Dich ihretwegen. Erhebe Du auch ein wenig Dein Haupt und betrachte das Himmelszelt. Betrachte in einer klaren Nacht den Mond. Sieh, der Mond ist zwischen der Erde und der Sonne, es ist Mondfinsternis. Sieh im Mondschein die Sonne. Warum hältst Du nicht Dein geleistetes Versprechen? Du fällst in die Fallen des Teufels herein und wirst Spielzeug seiner zwiespältigen Gedankenspiele, indem Du sagst: „Ich glaube an meinen Verstand." Damit passt Du Dich dem Teufel an. Du kannst Dir nicht erklären, woher diese falschen Gedanken kommen. Du sagst nur: „Es ist mir in den Sinn gekommen." Du führst alles aus, was Dir in Deine Gedanken kommt. Indem Du sagst, dass Du Deinem Verstand glaubst, dass Du Deinen Gedanken folgst, wirst Du der Sklave des Teufels. Wenn Du Dich mit schlechten Freunden umgibst, wirst Du Dir auf jeden Fall ihre schlechten Tugenden und Eigenschaften aneignen. Dein Charakter wird sich ändern, ohne dass Du es merkst. So wirst Du zu den Freunden des Teufels gehören. Sag bloß nicht: „Dies wird mir nicht passieren." Siehst Du es nicht, wenn Du Dich mit schlechten Freunden umgibst, dass Du anfängst, falsche Handlungen zu vollziehen?

Eigentlich ist ER für alle sichtbar. Die Menschen sind IHM aufgrund der fehlenden Wahrnehmung fern. Das gesamte Universum ist ein Resultat SEINER Liebe. Die Gottesliebe ist ein Meer und die Welten seine Wellen. Die Gottesliebe ist die Sonne und die Flammen seine Lichter. Alles, was man auf der Welt sieht, sieht man mit IHM. Aber ER ist der Verborgene für die Welt. Alles wird durch IHN gekannt, jedoch ist es unmöglich IHN zu kennen.

Komm, mein Freund, wenn auch Du nur eine Essenz der Gottesliebe hast, opfere es nicht für leere Wünsche. Sei ein Fisch in dem weiten Ozean der göttlichen Liebe und tauche in die Tiefe. Gib Deine leeren und unnötigen Wünsche und Ziele in Deinem Herzen auf. Die Träume dieser treulosen Welt werden Dein Herz davon abhalten, an Allah zu denken. Ermüde nicht auf dem Pfad, der Dich zu Allah führt und verfalle nie in Hoffnungslosigkeit. Früher oder später wird Dein Schöpfer Dir seine Gunst zuteilwerden lassen. Strebe nicht nach Positionen oder einem Status, welches Du erreichen möchtest. Versinke nicht in dem Sumpf des Besserwissens, indem Du Dir Wissen und Ehre aneignest. Denn dann wirst Du in der Gesellschaft nur als selbstgefällige und besserwissende

Person wahrgenommen. So wirst Du keine Gesellschaft und Freunde mehr um Dich haben. Versuche nicht irgendetwas zu verdienen und es Gott anzubieten. Das, was Du verdienst, kommt aus SEINEM Eigentum. Wessen Eigentum willst Du wem anbieten? ER braucht weder Deine Wohltätigkeit, noch Deine Gebete. All dies machst Du für Dich.

Werde ein Freund eines Gottesliebenden, damit ER Dir Deine Sorgen als Unterricht erteilt. Damit er Dich von Deiner Existenz befreit und Dich in die Klasse des Nichts Seins versetzt. Den Pfad der Gottesliebe kann man nicht alleine bestreiten. So sehr Du auch ein Liebender sein magst, wirst Du alleine Fraß für die Vögel und Wölfe sein. Finde Dir solch einen Freund, dessen Gesicht so rein ist wie der Glanz des Mondes. Derjenige, der Dein Herz erobert, sollte ein wahrer, schöner Mensch sein. Er sollte nicht einer Herkunft oder einem Geschlecht kategorisierbar sein. Öffne seinen Vorhang einen Spalt, damit die Sonne des Lebens sichtbar wird. Er sollte Dich dahinführen, Dein weltliches Dasein aufzugeben, damit Dein wahrer Ursprung zum Vorschein kommt. Erkenne Dein eigentliches Wesen, das die Schönheit in der Gestalt wiederspiegelt, die Schönheit des Schöpfers. Werde ein

Kenner der Gottesliebe, damit Du von der Schönheit der Gestalt zu dem Ursprung der Schönheit kehrst.

Alles Schöne hat seine Schönheit vom Schöpfer. Die Quelle der Schönheit ist der Schöpfer. Die eigentliche Schönheit sind nicht die Augenbrauen oder Augen, sondern die ungebundene Schönheit. Die Form und Gestalt ist die Stelle, an der die Schönheit ersichtlich ist. Die Schönheit des Schöpfers wird aus dieser Stelle reflektiert. All diejenigen, die Ihre Augen der Wahrheit geöffnet haben, betrachten nicht mehr die Gestalt und Form als schön. Indem Sie sich nämlich von Form und Gestalt lösen, betrachten Sie die wahre Schönheit. Die Gottesliebenden sehen nicht die bloße Schönheit, die die Augen wahrnehmen, sie legen das Weltliche nieder und betrachten nur noch die eigentliche Bedeutung. Betrachte auch Du die Dinge, ohne mit den Augen zu blinzeln, damit sich die Formen und Konturen vor Deinen Augen auflösen. Damit nur die Schönheit des Eigentlichen übrig bleibt. Erbitte von Allah die wahre Schönheit sehen zu dürfen und Dich vom Sehen der Form und Gestalt lösen zu dürfen. Wenn Allah Dir diese Gunst zuteilwerden lässt, wirst Du die wahre Schönheit sehen und in den Genuss der wahren Schönheit kommen. Du wirst verstehen, dass alles Erschaffene aus IHM entstanden ist und zu IHM zurückkehren wird. Du wirst erkennen, dass in Wahrheit in jedem Erschaffenen ER innewohnt. Das Wissen über Allah kommt aus den Herzen der Gottesliebenden. Seine Barmherzigkeit liegt auf Ihren Zungen und seine Taten werden durch ihre Hände ausgeführt. Trenne Dich nicht von den Gottesliebenden, damit auch Du von seiner Gunst und Gnade Deinen Anteil erfährst. Die geliebten Diener Allahs stellen sich nicht zwischen Allah und seinem Geschöpf. Allah redet mit Ihren Zungen. Allah gibt mit Ihren Händen. Die Gunst ist von Allah. Die Güte ist von Allah. Alles, was sie ausführen, sind Taten Allahs. Alle Begabungen und Leistungen sind von Allah. Allah gibt sich durch seine geliebten Geschöpfe zu erkennen.

Wenn Allah einem Diener sein göttliches Licht gibt, befreit sich dieser von Form und Gestalt und kann die Bedeutung und Wahrheit sehen. Wenn das Auge mit dem göttlichen Licht glänzt, wird es mit seinem göttlichen Licht erleuchtet. Alles, was er betrachtet und sieht, wird das Antlitz des Schöpfers sein. Für die Gottesliebenden ist die Welt ein Spiegel. In diesem Spiegel sehen Sie ungefiltert das Antlitz des Schöpfers. Da alle Formen und Gestalten durch die Bedeutung und Wahrheit entstehen, wende auch Du Dich vom Schatten ab und bemühe Dich, die Sonne zu sehen, die diesen Schatten zustande bringt. Erbitte die Hilfe Allahs. Denn dies kann nur mit der Hilfe Allahs passieren. Wenn die Augen Deines Herzens sich öffnen, wirst Du auf Stein und Erde verzichten. Die Sonne wird im Horizont Deines Herzens aufgehen. Dann wirst Du IHN ohne einen Vorhang betrachten. Hierfür musst Du Dich von jeglichem Eigennutz und Deinen Trieben befreien. Du solltest IHN oft anflehen, denn Dein Herz liegt in seinen Händen. ER kann Dich zum Erwachen bringen und Du kannst Dein Heil erlangen oder Du wirst in Deinem Schlafzustand verweilen. Wenn ER Deine Richtung zur Wahrheit, zu deinem Heil lenkt, wirst Du seine Freunde treffen, in den Gottesliebenden einmünden. Wenn Du in den Schlafzustand verfällst, wirst Du in Not geraten und Sorgen haben. Mein lieber Allah, wir lieben Dich sehr, lass die Dich Liebenden nicht auf sich allein gestellt. Lass die Dich Liebenden nicht in Not geraten. Allah, hilf uns zu Deinen Dienern zu gehören, die Dich mit Dir erfahren.

Das Auge des Herzens wird durch das göttliche Licht über einen segnenden Blick des Freunds Gottes geöffnet. Wenn dieser wahre Mensch Dir diesen Blick zukommen lässt, wirst Du ohne Hände und Füße den Pfad des Schöpfers bestreiten. Versuche in sein Boot einzusteigen, damit er Dich als Kapitän, in die Weiten mitnimmt. Diese Heiligen sind die Erben der Propheten. Sie offenbaren uns den Schöpfer. Du kannst alleine beten, Dich bilden und ein Gelehrter sein, aber Du wirst nicht alleine den Pfad des Schöpfers finden. Obwohl Dein Dasein, sein Dasein ist, fragst Du, wo er ist?

Du Liebender! Der, den Du ersehnst, ist in Deinem Herzen versteckt. Doch Du seufzt und klagst über die Trennung. Der, den Du sehen möchtest, blinzelt Dir aus der Ferne zu, zugleich ist er in Dir und in einem vereinten Zustand mit Dir, doch Du kannst dies nicht wahrnehmen.

Allahs geliebte Diener sind die, die den Geliebten in ihren Herzen gefunden haben. Sie sind reine Spiegel. Wenn Du in das Gesicht eines Freund Gottes siehst, siehst Du das Antlitz des Schöpfers. Du möchtest für ewig dort verweilen und bist wie die Nachtigall aufgebracht. Nachts wirst Du diesen Moment herbeiwünschen und kannst nicht schlafen. Du wirst Dich Deinem Schöpfer zuwenden. Du wirst in Gedanken immer beim Freund sein. Es ist etwas sehr Schönes, an einem abgelegenen Ort aufgrund seiner Liebe zu seufzen und dabei sehnsüchtig Tränen zu vergießen.

In dem Herzen des Liebenden ist nichts weiter außer dem Geliebten. Wenn man die Wahrheit betrachtet, sind sowohl der Geliebte und auch der Liebende nichts anderes als die göttliche Liebe. Die göttliche Liebe ist im Herzen. Die göttliche Liebe reist von Herz zu Herz. Lieber Allah, befreie uns von dem Wunsch wahrgenommen zu werden. Lass uns in Dir aufgehen und uns selbst aufgeben. Gib uns das Wohlbefinden mit dem Wein der göttlichen Liebe.

Lass uns zu den Freunden der Liebenden gehören, und gestatte es uns, zu deinen Dienern zu zählen, die dei ne Gunst erlangen. Bleibe fern von der Verblendung und der Anziehungskraft dieser treulosen Welt, ihrem Schein und Schmuck. Damit Du nicht verzweifelst, schütze Dich vor den Fallen und Fängen des Teufels. Beflügle Dich mit der göttlichen Liebe. Lass den Seelenvogel in die Ortsungebundenheit fliegen. Derjenige, der sich des Weltlichen entledigt hat, wird mit dem göttlichen Wein der göttlichen Liebe in einen Zustand des Glückes fallen.

Die Augen des Herzens werden mit der Hinnahme und Geduld geöffnet. Wer diese Befähigungen hat; in diesen Augen wird das göttliche Licht erleuchten. Die Augen des Herzens sehen das Reich und die Sphären, die nicht mit dem bloßen Auge gesehen werden können. Diejenigen, die sich in einer Erwartungshaltung positionieren und immerfort fragen: „Wann ist es denn soweit? Alle anderen sehen etwas, bei mir tut sich nichts, ich sehe nichts." Bei denen wird der Weg sich verlängern, denn die Augen des Herzens werden verstaubt. Alle, die keine Erwartungshaltung haben, irgendetwas sehen zu wollen, hinauszufliegen, werden den Schöpfer lieben. Sie werden ihn herbeisehnen, sie befassen sich mit der göttlichen Liebe und der Sehnsucht. Aus diesem Grund werden sie Ihre Geduld nicht verlieren, ihre Hinnahme wird sich vermehren. Denk an die Freunde Gottes und an den Schöpfer, dies wird Dir den Weg erleichtern, lebe mit seiner Sehnsucht. Damit all seine schönen Befähigungen Deine werden, wenn er zu Dir kommt.

Ob reich oder arm, hast Du auf dieser Welt je einen Menschen gesehen, der keine Sorgen hat? Der sorgenfreie Mensch ist der, der den Schöpfer gefunden hat. Seine Sorge ist die Sehnsucht nach seinem Schöpfer. Und diese Sorge nimmt er gerne an. Alle anderen Sorgen und Plagen, alles, was ihn unglücklich machen könnte, von alledem hat sich dieses Wesen befreit. Weil er nicht den Fängen der Welt und den materiellen Gütern verfallen ist, kann der Teufel ihm auch keine Fallen und Tücken stellen. Er wird seinen Pfad nicht verlieren. Wie kann der Teufel auch jemanden verleiten, der diesen Gütern keinen Wert beimisst?

Du Liebender, verfalle nicht dem Gedanken: „Ich liebe den Schöpfer und bete Tag und Nacht, ich gebe Almosen und helfe jedem, trotzdem habe ich Leid und Sorgen! Obwohl ich meinen Schöpfer so liebe, scheint er mich nicht zu lieben!“ Denn er liebt seine Propheten am meisten und den Propheten Mohammed (a.s.s.) liebt er auch. Doch Du wirst staunen, wenn Du das Leben der Propheten recherchierst und betrachtest, wie viel Leid und Not sie ertragen mussten.

Sei einverstanden mit dem, was Dir Dein Schöpfer gibt. Liebe ihn mit all den Sorgen und dem Leid, sodass Deine Liebe eine wahre Liebe ist. Nimm an, was Dir der Schöpfer gibt, erwarte nicht andauernd seiner "liebenden Hand" zu begegnen, die Dir den Rücken streichelt. Der wahre Liebende wird seinen Schöpfer trotz all seiner Sorgen unermüdlich lieben. Such das Heil Deiner Sorgen in Deinen Sorgen. Wisse, dass Deine Sorgen zum Heil Dei ner göttlichen Liebe beitragen, denn wer keine Sorgen hat, der wird kein Gottesliebender sein können. Der Gottesliebende wird immer Sorgen haben. Wenn Du Deine Sorgen mit der göttlichen Liebe versorgst und Dich Deinem Schöpfer anvertraust, so wirst Du ein demütiger Liebender. Du wirst auf dem Pfad von Yunus mit einem gesenkten Haupt streiten und Dir die Sorgen der anderen Menschen anhören. Du Liebender, beklage Dich nicht, vertraue Dich Deinem Schöpfer an, dem, der Dich erschaffen hat. Vertraue Dich Deinem Schöpfer an, der die Sorgen und auch Dich erschaffen hat. Auch wenn Du keine Kraft mehr hast, auch wenn Du ausgelaugt bist, vertraue Deinem Schöpfer.

Die Augen der Seele sehen das Antlitz des Schöpfers, die weltlichen Augen dagegen die Schönheit der Gestalt. Das weltliche Auge und auch Deine Sinne des Genießens erfreuen sich an der Schönheit der Gestalt. Jedoch blicken die Augen der Seele nur auf die wahre Schönheit. Sie erblicken das Antlitz des Schöpfers. Das Begehren erwacht aus der Schönheit einer Gestalt. Doch bei der Schönheit des Wahren erfährt man göttliche Informationen. Im geistigen Sinne ist die geistige Erklärung der Menschheit dem Engel gleich, jedoch seine Gestalt den Tieren. In der Gestalt führt er animalische Handlungen aus, im geistigen Sinne menschliche Handlungen. Welches der beiden Befähigungen die Überhand gewinnt, wird die Person entscheiden. Wenn beide Aspekte gleich stark sind, wird sich die Person nicht entscheiden können, in welche Richtung sie tendieren soll. Sie wird unentschlossen bleiben.

Oh Du, der die göttlichen Geheimnisse in Erfahrung bringen möchte, komm, werde zu einem Wegbegleiter eines Freund Gottes, dem diese Geheimnisse schon anvertraut wurden. Lass Dein Herz und Deine Augen zum

Zielpunkt seiner segensreichen Blicke werden. Diejenigen, die über Hab und Gut verfügen, werden dies weitergeben, diejenigen, die eine geistige Stufe erlangt haben, werden diesen geistigen Zustand weitergeben. Wenn Du bei einem erhabenen Menschen bist, dann erhältst Du das, wofür Du ein Bittsteller bist. Der Vortäuschende, an sich Bedachte, wird vom Freund Gottes Wissen erbitten, womit er Ruhm und Anerkennung beim Volk erlangen kann. Doch diejenigen, die ihres Schöpfers wegen das Wissen erlernen, werden den Schöpfer finden und die geistige Genugtuung, das geistige Glück erreichen. Diejenigen, die diese Genugtuung erlangt haben, werden bis in die Ewigkeit glücklich sein, kein Geschehen wird sie traurig stimmen. Erlerne das göttliche Wissen, welches Dein Herz für Allah öffnet und Dich an IHN bindet. Befreunde Dich mit denen an, die das göttliche Wissen kennen. Die Wirkung der Sonne auf die Welt ist immens. Fast alle Geschehnisse der Erde finden durch die Einwirkung der Sonne statt. Die Jahreszeiten, Tag und Nacht, all das sind Gegebenheiten, die durch die Sonne stattfinden. Und das Licht der Sonne? Es ist die Lebensquelle der Welt. So wie wir all diese Geschehnisse mit der Sonne in Verbindung bringend bewerten, so müssen wir das Universum mit der Sonne des Universums in Verbindung bringend bewerten. Ohne, dass wir unseren Schöpfer kennen, wird dieses Leben nicht entschlüsselt werden. Bevor wir nicht die göttliche Sonne in unserem Herzen finden, werden wir die Wahrheit nicht sehen können.

In allen geistlichen Büchern wird darüber berichtet, dass man seinen Schöpfer ohne die Selbstaufgabe nicht finden kann. Was ist dieses Selbst? Das Selbst ist nicht das Ich-Sein, das Selbst ist ein Gefühl. Ein Gefühl, welches Dir vermittelt, dass Du ein Individuum bist, getrennt von allen anderen Geschöpfen. Zuviel von diesem „Selbstgefühl" ist nichts anderes, als sich selbst zur Gottheit zu deklarieren. Aber diese Gottheit wird altern und in Not gelangen, am Ende sogar sterben. Doch dies wird zu spät verstanden. Mein Schöpfer, lass uns zu denen gehören, die DEIN sein in DIR erkennen und befreie uns von diesem „Selbstgefühl". Lass uns zu denen gehören, die in die Ozeane Deiner unendlichen Kraft eintauchen, sich selbst verlieren und in DIR finden.

Es gab ein Wiedersehen, wir sehen uns wieder.
Es gab ein Zusammenfinden, wir finden uns zusammen.
Jetzt gibt es eine Sehnsucht, wir sehnen uns.
Jeder vergangene Tag,
Ein neues Wiedersehen,

Ein neues Zusammenfinden,
Ein neues Sehnen.
Es wird uns ergreifen und mitnehmen.
Mit dem wahren Ersehnen,
Zum wahren Wiedersehen,
Zum wahren Zusammenfinden...

Auch unsere Augen und unser Herz hat ein Geliebter, ein wahrer Freund des Schöpfers mit dem Anblick seines Antlitzes geehrt. Er hat uns die Aufregung der unbeschreiblichen Glückseligkeit erleben lassen. Leider war diese Glückseligkeit von kurzer Dauer. Bei einem Unfall brach er sich ein Bein. Über einen langen Zeitraum verschmolzen die Knochen nicht miteinander. Später erkrankte er an seinen Augen. Seine Augen konnten die optische Abbildung weder nah noch fern wahrnehmen. Zu Beginn des Buches erzählte ich von einer Prostituierten, die aus Bewunderung und Liebe für Mevlana von einem Freund Gottes erlöst wurde. Dieser dort beschriebene Freund Gottes ist dieser heilige Geliebte, er ist einer der Mevlana´s in unserem Jahrhundert. In den Tagen nachdem sich meine Augen durch einen Autounfall der Wahrheit geöffnet hatten, bat ich unter dem Leid der Einsamkeit den Schöpfer darum, mir einen Freund Gottes bekannt zu machen. Mit der Gunst unseres Schöpfers sah ich ihn zuerst in meinem Traum und lernte ihn kennen. Er ist ein ehrenhafter, vollkommener Mensch, der von ganzem Herzen, zu der gesamten Menschheit „Komm, komm, wer immer Du bist komm" sagen konnte.

Möge unser Schöpfer uns ihn und solche seiner Geliebten nicht missen lassen. Möge er uns nicht von ihrer Zuneigung und Liebe trennen.

Du bist die Himmelfahrt meines Herzens.
Du bist die Pforte, die sich zu meinem Schöpfer öffnete.
Du bist die Sonne in meinem Horizont.
Du bist das Licht meiner Augen.
Wohin ich auch mit Eifer blicke,
In Wahrheit bist Du mein Ansprechpartner
Du bist es, in dessen Gestalt ich mich verliere
Du bist der Ort, in den ich eintauche.
Du bist der ersehnte Raubzug des Falken,
Der Beschützer der Spatzen.
Du bist das Heil, der in Nöte Gefallenen.
Du bist der Vater der Waisen,
Du bist der Gast in meinen Augen.
Du bist die Wolke der Tropfen aus meinem Herzen.
Du bist die Wirklichkeit an und für sich,

die ich mir wünsche

Du bist mein Ziel vieler folgenden Jahre…

Oh, Du kleiner Bach, wenn es auf dieser Erde Dein Wunsch ist, in das Meer einzumünden, dann finde einen Fluss und münde in ihn ein. Wenn Du in ihn eingemündet bist, bedeutet es, dass du ins Meer eingemündet bist. Denn jeder Fluss mündet ins Meer ein. Sie werden Dich dorthin bringen. Die auserwählten Menschen Allahs sind wie die Flüsse. Wenn Du einem dieser heiligen Menschen begegnest, so gib Deine eigenen Wünsche auf, und richte Dich nach seinen Ratschlägen, damit Du zum Schöpfer gelangst.

Denn Sie werden nicht Deinen Wünschen dienen. Denn sie wissen es besser als Du, was gut für Dich ist. Es gibt auch Jene, die durch ihren Talar und ihre Strickjacke annehmen, dass sie selbst Heilige sind. Diese führen den Menschen auf unzugängliche Wege. Sie bringen den Menschen in unentwirrbare Zustände, so dass der Verlust des Verstandes droht. Suche Du Zuflucht bei deinem Schöpfer, erbitte seine Hilfe, flehe Ihn an, damit er Dich mit seinen wahren Freunden bekannt macht. Wenn der Freund Gottes dich von Deinen weltlichen Begierden und Wünschen befreien möchte, höre auf ihn und befolge seine

Ratschläge. Denn er wird sich dir nicht anpassen. Der Fluss kehrt nicht zurück zum Bachbett.

Die Gottesliebenden fangen Euch mit Euren eigenen Genüssen ein. Euer Vergnügen, Genuss wird als Köder auf den Angelhaken aufgesetzt. Durch dieses Anködern, lassen Sie Euch erfreuend den Angelhaken aufnehmen. Nach der Köderaufnahme befreien Sie Euch von Euren Genüssen. Bis Ihr gänzlich ermüdet und Euch ergebt, werden sie im Meer mit Euch spielen. Manchmal lassen sie die Angelschnur locker und lassen Dich frei. Manchmal wird die Angelrute angezogen, ruckartig nach oben gezogen und deine Seele zuckt zusammen, so spürst Du, dass der Angelhaken weiterhin fest in Dir sitzt. Komm, spring nicht umher, versuche nicht nach rechts und links einzutauchen. Komm Herz lass uns zum Freund Gottes gehen. Manchmal laufen die Dinge anders als ursprünglich geplant. Ein Fisch befreit einen anderen Fisch von dem Angelhaken der göttlichen Liebe, indem er die Angelschnur mit seinem Mund zerschneidet. Somit treibt er ihn in die alte Freiheit zurück. Dann waren alle bis zu diesem Zeitpunkt erlittenen Schmerzen und erbrachten Mühen umsonst, und alles wurde zunichte gemacht. In dem er sagt: „Ich habe Dich befreit!“, macht er Dich zum Werkzeug der Wünsche und Begierden. Er befreit Dich aus der "Gefangenschaft" der göttlichen Liebe und macht Dich zum Gefangenen der Wünsche und Begierden. In der Realität ist der Gefangene der Gottesliebe derjenige, der dem Schöpfer ein Diener sein wird. Wer dem Schöpfer ein Diener ist, wird dem Volk ein Sultan sein. Aber keiner wird die Krone und den Thron des Sultans sehen können. Alle, die auf den Angelhaken der göttlichen Liebe, auf welche Art und Weise auch immer, angebissen haben, werden, auch wenn die Angelschnur vom Haken getrennt ist und Sie sich vom Angler befreit haben, nicht von diesem Schmerz befreit sein. Denn solange der Angelhaken sich weiterhin in ihnen befindet, wird Niemand, außer dem Angler selbst, diesen Haken aus diesem Leben entfernen können.

Während der Diener seinen Schöpfer liebt, verfällt er in einen Trunkenheitszustand. Er verheddert sich beim Reden, spricht fehlerhaft und begeht Fehler. Wenn die Absicht „rein" ist, gibt es keine Fehler des Liebens. Der Gottesliebende, der die Leiden und den Schmerz der Liebe erträgt, wird sich am Angelhaken nach rechts und nach links wenden. Wenn er aufgibt und sich ergibt, fühlt er sich wie ein Fisch, den man aus dem Wasser holt. Der Haken wird aus seinem Leib gelöst und er wird mit dem göttlichen Feuer gegart. Somit erhält er seinen Platz an der

Tafel der Gottesliebenden. Er wird mit den Liebenden hören, er wird mit den Liebenden sprechen. Er wird die Einheit mit den Liebenden erlangen. Er wird zu einem Fisch, der in den Flüssen des Schöpfers schwimmt.

Der Liebende vermisst das Antlitz des Freunds Gottes. Er brennt vor Sehnsucht. Der Liebende besucht den Freund Gottes, indem er sich den Wünschen dieser Welt entledigt und allein seinen Schöpfer im Herzen trägt. Das göttliche Licht aus den Augen des Freunds Gottes gelangt über die Augen der Liebenden in das Herz der Liebenden. Der Liebende fängt an, vor dem Geliebten zu seufzen und zu weinen. Dieser Zustand hält an, bis der Schöpfer dem Liebenden folgendes verkündet: „Zu Ihren Diensten (Lebbeyk)." Wenn der Liebende diese Verkündung vernimmt, wird er das wahre göttliche Antlitz seines Geliebten sehen. Er wird sein wahres Antlitz im Spiegel des Freunds Gottes betrachten. In diesem Moment wird die göttliche Liebe den gesamten Körper umhüllen und ihn in die Farben unseres Propheten färben, er wird ihn mit dem Schöpfer zum Schöpfer werden lassen. In diesem Zustand werden alle Sinnesorgane und Handlungen des Liebenden, die des Schöpfers. Indem nun auch der Vorhang zwischen dem Liebenden und dem Geliebten hochgezogen ist, entfällt die Zweisamkeit und man ist übergetreten in das "Eins sein" und wird somit in den Ozean der Einheit eingetaucht sein.

Es gibt keinen Moment, der ohne Dich vergeht.
Ich sehe mit Dir, ich spreche mit Dir, ich höre mit Dir.
Ich gehe mit Dir, ich lebe mit Dir.
Ich bin Dir verfallen, ich bin erfüllt mit Dir.
Wusstest Du, die mit der göttlichen Liebe geboren
werden, werden mit der göttlichen Liebe sterben?
Für Dich zu sterben ist der allergrößte Gewinn.
Ich kann es nicht auseinander halten, auseinander halten
Dich von mir, dich von Ihm auseinander halten.

Hast Du auch einen Freund Gottes gehabt, den Du mehr als Dein eigenes Leben liebst? Hast Du ihm Deine Liebe in einem Moment der Aufregung offenbart oder in einem wohlbedachten Augenblick oder sogar in jeder angebrachten und unangebrachten Situation geäußert? Versucht denjenigen, den ihr liebt, in all seinen Facetten zu lieben. Nur in guten Zeiten zu lieben ist keine Liebe. Es ist eher eine Zuneigung, ein Empfinden von Sympathie. Liebe bedeutet, auch den schlechten Gegebenheiten standzuhalten, mit dem Leid vollständig zu werden. Die Gottesliebenden gaben uns die Formel, die die wahre Liebe zum

Schöpfer beschreibt. „Sowohl Dein Leid, welches Du mir zuschreibst, als auch Deine Gunst ist schön!“

Warum verfällst Du in Traurigkeit, wenn Du einmal geliebt hast? Schon bei einer Kleinigkeit wirst Du weinerlich wie ein Kind, dessen "Ballon der Liebe" von dem Dorn einer Rose gepiekt wurde. Wolltest Du nicht auf dem Pfad des Schöpfers sterben? Was ist denn nun mit Deinem Vorhaben? Hast Du Deine Liebe aufgegeben? Wenn Jemand einmal wirklich geliebt hat, wird er bis in das Unendliche lieben. So wie Yunus Emre seinen Lehre Taptuk geliebt hat. Als Yunus Emre zu Unrecht angeklagt wurde und man ihm Übel nachredete, sagte sein Lehrer Taptuk: „Geht, gebt ihm seine Strafe!“ Die anderen Derwische schlugen ihn bis zur Ohnmacht und warfen ihn aus der Tür, doch sein Kopf war im Türspalt. Sogar in diesem Augenblick sagte Yunus Emre: „Allah sei Dank (Elhamdülillah), mein Kopf ist immer noch drinnen!“, und dankte immer noch für seine Situation. Als Taptuk Emre den Diener der göttlichen Liebe, seinen Yunus Emre so erblickte, drückte er ihn an seine Brust und versorgte mit seinen eigenen Händen die Wunden von Yunus. Taptuk Emre sagte zu Yunus Emre Folgendes: „Du bist mein Auge, mein Ohr, mein Leben!“ Du erträgst noch nicht einmal ein paar Wörter, was soll aus Deinem Zustand werden? Was ist das für eine Liebe? Kann Jemand, der keine Geduld hat, eine Liebe empfinden? Willst Du wirklich lieben? Dann umhülle Deine Liebe mit Geduld, Treue, Hingabe, sodass Deine Liebe einem Fels in der Brandung gleicht. Wenn Du den, den Du liebst, für Deinen Schöpfer liebst, wird Dich diese Liebe zu Deinem Schöpfer führen.

In Deiner Essenz ist die göttliche Liebe
Wenn Dein Verstand sich in die Richtung des Herzens gebeugt hat,
Dann ist dieses Ziel mehr Wert als die Bewunderung der Welt
Wenn Du erkannt hast welche Gelegenheit an der Tür steht.
Es gab viele Liebespaare, viele Liebende, die sich nicht mehr, in die Augen sehen können
Wenn der Eigennutz hinzugekommen ist.

Die göttliche Liebe ist Vertrautheit und keine bloße Begeisterung.
Die göttliche Liebe ist Treue und kein Wankelmut
Sie ist ein unendlicher Genuss, sie ist das unendliche Glück.

Das innere Feuer wird ewig brennen, wenn der Schöpfer eingegriffen hat.

Erwarte nicht immer vom Freund Gottes, mit Süßem begrüßt zu werden. Nimm auch alles Salzige und Säuerliche an, damit das Süße an die Reihe kommen kann. Aber weil Dir der Freund Gottes Süßigkeiten zur Begrüßung gereicht hat, erwartest Du ständig Süßes an dieser Tafel. Erkenne hieraus, dass Du ein Neuling an der Tafel des Schöpfers bist. Nimm das an, was man Dir reicht und nicht nur das, welches Du erwartest.

Die Liebe ist keine kurz andauernde Aufregung. Die Liebe erstreckt sich kontinuierlich über die gesamte Zeit. Es gibt keine Unterbrechung in der Liebe, man pausiert nicht beim Lieben. Egal, was passiert, man hegt kein Groll gegenüber dem Geliebten und man bricht nicht die Freundschaft. Die Liebe ist einseitig, beim Lieben erwartet man keine Gegenleistung. Die Liebe hat einen Frühling und einen Winter. Doch die Liebesgefühle erwachen nicht im Frühling und vergehen im Winter. Die Liebe wird nur in allen Jahreszeiten anders empfunden. Liebst Du ihn, so setz Dich an seine Tafel und nimm an, was er Dir anbietet. Wenn Du eine Gelegenheit hierzu finden solltest, iss von den Essensresten auf seinem Teller und versuche den Rest seines Getränkes auszutrinken. Vielleicht werden Dir mit dieser Nahrung einige seiner Zellen übertragen und sie vermehren sich in Deinem Körper, sodass Du im Reich Deines Körpers mit ihm neu erschaffen wirst.

Du sagst, dass Du liebst, jedoch erwartest Du eine Gegenleistung und einen Beweis. Wirst Du ihn lieben, solange er Dich liebt? Oder wird er Dich lieben, solange Du ihn liebst? Der erhabene Schöpfer hat uns gesagt: „Wenn sich mir Jemand mit einem einzigen Schritt nähert, dem werde ich mich mit tausend Schritten nähern! Wer gehend zu mir kommt, zu dem werde ich rennend gelangen!“ Hieraus verstehen wir, dass es einen Liebenden und einen Geliebten gibt. Fazit ist: der Liebende wird lieben und der Geliebte wird noch mehr lieben. Der Liebende wird ohne eine Gegenleistung lieben, der Geliebte wird in etlichen Formen Gegenleistung erbringen. In der Liebe verhält es sich so, dass es kein Geben und Nehmen zwischen den Liebenden gibt. Der Geliebte wird den Liebenden nehmen und ihm sich selbst geben. Am Ende werden der Liebende und der Geliebte Eins sein. Eins, wird nicht auf den EINEN verzichten.

Diejenigen die mit dem Schöpfer lieben, sind die Geliebten. Sie offenbaren denjenigen, die sie lieben ihre Liebe nicht in all ihren Facetten. Sie verdienen es unentwegt geliebt zu werden. Hüte und verstecke Deine göttliche Liebe, dass sie auch andauert. Erzähle nicht Jedem Dein Geheimnis, Deine Nähe und trage es anderen nicht vor. Es reicht, wenn Du es selbst in Dir trägst. Wenn Du Deine Geheimnisse kundtust, wirst Du einem Fass gleich, welches ein Leck hat. Seufze in Dich selbst hinein, wenn Dich die Sehnsucht zum Geliebten überkommt. Es wird Dir dadurch besser gehen. Es wird Dich nicht weiterbringen, wenn Du Deine Sorge anderen kundtust. Versuche, indem Du IHN in Deinem Herzen findest und verlierst, "Verstecken" zu spielen.

Lass Dein Herz mit dem Feuer der göttlichen Liebe brennen, damit die Parasiten in Deinem Herzen verbrennen und verschwinden. Verharre nicht an der äußeren Schönheit Deines Geliebten. Finde eine Gelegenheit und suche den Weg, der es Dir erlaubt, einen Platz in seinem Herzen zu erlangen. Jemand, der nur in eine schöne Erscheinung verliebt ist, merkt bei einem ersten Treffen und bei einem ersten Gespräch, dass es seinem Inneren nicht zusagt und distanziert sich. Seine Liebe erlischt. Wechsele von der Wahrnehmung der Augen auf die Wahrnehmung des Herzens, damit Deine Liebe unvergänglich bleibt. Dieser Weg wird nur über die Augen eines Freund Gottes eingeschlagen. Sieh in den Augen Deinen "Augapfel", damit Du das Herz erreichst, damit Du durch die Türen des Herzens schreitest und Deinen Schöpfer siehst. Der weltliche Wein wird über den Mund getrunken, der Wein der göttlichen Liebe über die Augen. Das eine führt zum Unwohlsein und zum Fehlverhalten. Das andere hingegen gibt Dir den Genuss der Unsterblichkeit und Unendlichkeit. Es führt Dich an die Quelle der göttlichen Liebe.

In Deinen Augen glänzt das Licht der Hoffnung. Was ist das, das Licht der Hoffnung? Ich sehe ein Licht in Deinen Augen. Es sagt die Wahrheit. Es zeigt an, dass es Hoffnung gibt, dass Du ein Reisender auf dem geistigen Weg werden könntest, dass Du im Innersten die göttliche Liebe trägst. Es weist darauf hin, dass Du ein liebevoller Mensch bist. Du bist jemand, der mitfühlt, liebevoll ist, wenn nur nicht Deine unnützen Handlungen wären…

Du weißt, wie man liebt, liebe doch auch ein bisschen Dich selbst. Kann nicht der Geliebte, den Du liebst, der in Dir Innewohnende sein? Kannst Du nicht an Dich selbst denkend nur an Dich denken? An sich denken ist nichts Gutes, aber diese Form des an sich Denkens ist eine gute Tugend. Wenn mit Dir über die göttliche Liebe und dem Schöpfer gesprochen wird, glänzen Deine Augen, sie geben mir Hoffnung. Sie sagen: „Ich trage Hoffnung.“

Komm, seltsamer Mensch! Wandle nicht in der Fremde umher. Das Nichts sein erwartet Dich.

Wenn der Vogel des Herzens seine Flügel spreizt,
Wird es von einem Ast zum anderen fliegen.
Mein Vogel ist auf dem gleichen Ast,
Wieder spielt er auf dem gleichen Ast.
Er ist treu, ich bin treu. Er spielt auf dem Ast…

Medschnun´s Freunde sagten zu ihm: „Warum entleerst Du Deinen Teller immer wieder vor Leyla, die das Essen auf die Teller aufträgt, und stellst Dich erneut an? Hast Du es nicht gemerkt, dass sie mit der Kelle auf Dein Kopf geschlagen und Dich vor allen bloßgestellt hat?“ Er hingegen antwortete stolz: „Hat Sie denn einem von euch auf den Kopf geschlagen?“„ Sie hat mich von euch unterschieden, sie hat mich anders behandelt!“ Was Dein Geliebter auch getan hat, er hat es bewusst getan. Nichts, was er tut, ist, um dich bloßzustellen. Der Verstand kann dies nicht verstehen, aber Dein Herz wird es begreifen. Wenn das Herz stirbt, bleibt der Verstand alleine, bäumt sich auf und rebelliert. Der Verstand findet einen Weg und wird mit etlichen Vorwänden den Geliebten verlassen. „An diesem Ort werden etliche Köpfe enthauptet und keiner wird es merken!“

Das bedeutet: Du bleibst an einfachen Wörtern hängen, bevor Du nicht Deinen Verstand abschaltest, Deinen Verstand zum Diener der göttlichen Liebe machst. Du vergisst die Schönheit Deiner Erinnerungen mit Deinem Geliebten. Du vergisst all die schönen Dinge und Dein schlagendes Herz, wenn Du zu IHM gegangen bist. Du verfängst Dich in der weltlichen Wahrnehmung und-Freunden Gottes bleibst bei Form und Gestalt hängen. „Der Gottesliebende stirbt nicht, er verwest nicht in der Erde. Jemand, der nicht mit dem göttlichen Feuer entfacht, wird dies nicht begreifen. Die göttliche Liebe kann nicht mit der Intelligenz begriffen werden, die göttliche Liebe ist für den Verstand unfassbar. Derjenige, der fern von den Augen ist, wird auch fern vom Herzen der Seele sein. Bei denjenigen, dessen Augen nicht sehen, wird das Herz der Seele nichts wahrnehmen. Bei denjenigen, dessen Herz der Seele nichts wahrnimmt, wird das Herz der Seele sterben und der Verstand wird regieren. Bei denjenigen, dessen Verstand regiert, bei denen wird der Geliebte ein Gefangener sein.

Menschen mit Verstand arbeiten für Anerkennung, Reichtum und Ruhm. Sie möchten Anerkennung und wollen Macht ausüben. Sie lieben es, gelobt zu werden. Ihr Verstand und ihre Gedanken befassen sich nur damit, Freunden Gottes Reichtum zu erlangen. Die Gottesliebenden machen der Welt keine Komplimente. Sie arbeiten, weil sie arbeiten müssen. Sie arbeiten für den Schöpfer und erzielen ihr Gewinn für den Schöpfer. Sie geben Almosen, um das Wohlwollen des Schöpfers zu erlangen. Die Gottesliebenden haben ein waches Herz. Sie ernähren sich mit geistiger Nahrung. Derjenige, der sich der Welt widmet, erlangt seine Freude und Genugtuung mit dem Weltlichen. Die Gottesliebenden befassen sich mit dem unendlichen Genuss. Sie umgeben sich nicht mit denen, die sich den weltlichen Genüssen hingeben. Sie geben den weltlichen Genüssen keinen Wert. Werde auch Du ein Freund eines Gottesliebenden, damit er der Grund sein kann, dass Du der Liebe zu Deinem Schöpfer verfällst. Damit er Dir das Herzenswissen vermitteln kann. Damit er Dir ein Weinglas der göttlichen Liebe reichen kann und Du in Deiner Wahrnehmung der Welt gegenüber getrübt wirst, jedoch Deine geistige Wahrnehmung erwacht. Schlafe nachts nicht viel mein Freund, schlafe nicht. Wie eine Kerze brennend und zerschmelzend, lasse Deine Tränen tropfend fließen. Indem Du selbst zerschmilzt, erhelle Dich selbst.

Die Kerze findet das Licht, in dem es brennt und schmilzt und erlangt das göttliche Licht. Derjenige, der nicht brennt, wie soll er das Licht erkennen? Um Deine Umgebung erleuchten zu können, musst Du brennen. Los, die Zeit ist reif, um mit der göttlichen Liebe wie eine Kerze zu brennen und dahin zu schmelzen. Die Seele, die unter dem Einfluss des Körpers steht, ist dic animalische Seele. Wenn sie sich vom Einfluss des Körpers befreit, wird diese Seele eine menschliche Seele. Die Genüsse der tierischen Seele werden körperlich vollzogen wie das Essen, das Trinken, das Erlangen von Sicherheit und der Geschlechtsverkehr. Die menschliche Seele erhält sein Wohlbefinden und den Genuss von seinem Schöpfer. Um sich vom Einfluss des Körpers zu befreien, muss man sterben, bevor man stirbt. Um diese Wahrheit zu erlangen, reicht es nicht aus, wenn man daran arbeitet. Man muss die Gunst und die Hilfestellung des Schöpfers erbitten. In den Raum ohne Ort kann man sich nur hinbegeben, wenn man von einem Gottesliebenden geführt wird.

Es gibt viele Menschen, die in der Wahrnehmung Großes geschafft haben, aber sie haben keinen Anteil von der Liebe erhalten. Ihre Herzen sind tot. Derjenige, dessen Herz tot ist, hat seinen Anteil vom Mensch sein nicht erhalten. Die toten Herzen werden mit der Liebe wiederbelebt und richten sich der Wahrheit aus, sie werden den Pfad des Schöpfers einschlagen. Wenn das göttliche Wesen in Gestalt zu erblicken ist, schenke Deine Achtung nicht nur der Gestalt, widme Dich weiter der geistigen Ebene, beobachte die geistige Ebene. Poliere den Spiegel des Herzen mit Dhikr und Gebeten, damit Du das Antlitz des Schöpfers, welches sich darin widerspiegelt, besser siehst. Derjenige, der nur für diese Welt lebt, wird von all dem nichts wissen. Seine Wünsche sind Ruhm und Anerkennung und sein Gewinn. Sieh alles, was Du auf dieser Erde erreichst, als nicht vorhanden an, denn eines Tages werden Dich alle verlassen. Siehst Du nicht, dass keiner dieser weltlichen Werte für die Ewigkeit sind?

Wenn Dein Herz von allem Weltlichen bereinigt ist, dann wird Allah Dir seine Geheimnisse zuteilwerden lassen. Zuletzt wirst Du Allahs Antlitz erblicken und ein wahrer Mensch werden. Du wirst es aufgeben, Dich mit unnötigen Dingen zu befassen und Dich innerlich selbst zu zerfressen. Du wirst Dein Leben und Deine Seele Deinem Schöpfer widmen. Wie zerfrisst sich der Mensch innerlich? Er bindet sich so an die Welt und an die weltlichen Belange, dass er bei jedem Vorkommnis etwas findet, um sich traurig zu stimmen. Diese Belange beengen das Herz und führen zur Übelkeit. Am Ende zernagt und zermürbt er sich selbst, so dass er sich zerfrisst. Wenn der Mensch aber das Gegenteil umsetzen und dieser Welt keinen Wert beimessen würde, die vergänglichen Sorgen nicht ernst nehmen würde und sich der Ewigkeit zuwenden würde, könnte er zu dem glücklichen und in Wohlbefinden lebenden Menschenkreis gehören.

Dein Schöpfer wird Dir manchmal Anlässe geben und den Anlässen gerecht, wirst Du Wünsche an ihn äußern. Sei klug und erbitte die göttliche Liebe. Wenn er Dir die göttliche Liebe gibt, wirst Du ein Geliebter werden. In den Herzen der Menschen, in denen die göttliche Liebe eingetreten ist, werden die Geheimnisse des Schöpfers offenbart. Wer ein weltliches Begehren hat, welche Begierde es auch immer ist, hat dieses vom Teufel. Der Teufel ist der Freund der Triebe und Wünsche. Wer seinen Trieben und seinen Wünschen folgt, ist ein Unwissender. So sehr Du auch geistiges Wissen erlangt hast, wirst Du nie ein Gelehrter werden. Derjenige, der für seine Genugtuung sich Wissen aneignet, ist der Diener des Teufels. Wenn Du im Kreis der Gottesliebenden bist und ihren Reden Gehör schenkst, wirst Du Dich selbst vergessen und verlieren. Du wirst dem Gottesliebenden gleichen. Du wirst alles, was Du siehst und wahrnimmst, die Essenz von allem in Deinem Herzen finden. Deine Augen sollen nicht die Gründe wahrnehmen, sondern die Quelle der Gründe.

Ohne geduldig zu sein und zu leiden, kann man den Pfad des Schöpfers nicht bestreiten. Jemand, der seine Augen, Ohren und alle Sinnesorgane nicht vor dem Verbotenen schützt, der sich nicht fernhält von verbotener Nahrung (Haram), der die Sorgen nicht annimmt und der sich nicht in Geduld übt, wird seinen Schöpfer nicht finden. Er wird nicht zu seinem Schöpfer gelangen. Du wünschst Dir, dass alles nach Deinen Vorstellungen läuft. Das geht nicht, wenn es nicht sein Wunsch ist, wird Dein Wunsch sich nicht erfüllen. Wenn Dein Wunsch nicht sein Wunsch ist, wirst Du mit dem Schöpfer nicht zusammenfinden. Wenn Dir der Freund Gottes einen Bonbon geschenkt hat, dann erwarte nicht immer einen Bonbon. Erlerne den Weg zur Bonbonfabrik und gehöre zu denen, die Bonbons herstellen. Wenn Du zu ihnen gehörst, wirst Du Bonbons herstellen und von Dir aus den Geschmack der Bonbons erlangen.

Diejenigen, die durch ihre sexuellen Triebe die Trunkenheit erlangen, deren göttliche Liebe wird hinter dem Vorhang verborgen bleiben. Du erfreust Dich des Genusses, der durch das Zusammenfinden zweier Körper stattfindet. Werde ein Gottesliebender und gebe Dich selbst auf, erfreue Dich der Taubheit aller Zellen und Sinne, welches Du durch den göttlichen Wein erlangst. Warum nagelst Du Dich fest an den Trieben der Haut. Diesen Weg des unendlichen Genusses wirst Du nicht mit Zweifeln oder Deiner Vorstellungskraft erlangen. Dieser Versuch ist nur ein Trugschluss und eine Selbsttäuschung. Die Genüsse und Freuden dieser Erde kann man in Buchstaben und Wörter fassen, doch in der geistigen Ebene gibt es keine Buchstaben und keine Wörter. Sei ein Mensch des Herzens und verständige Dich ohne Worte. Teile das, was Du in Deinem Herzen spürst und hörst, ohne Buchstaben und Worte mit.

Es reicht nun, Du hast Dich mit dem Geschmack des Körpers genug beschäftigt. Distanziere Dich nun langsam von den Genüssen des Körpers und erfahre den Geschmack des göttlichen Weins, um zu Deinem Schöpfer zu gelangen. Dein Wunsch nach einer Zusammenkunft wird immer schwächer. Wann wirst Du Deine eigenen Wünsche ablegen und die Wünsche des Freunds Gottes annehmen?

Wenn Du jemandem begegnest, kategorisierst Du die Person in hässlich oder schön ein. Diese Kategorisierung ist ungenügend. Auch wenn dieser Jemand in seiner Gestalt schön ist, wird er in Deinen Augen zunehmend hässlicher erscheinen, je näher Du ihn kennenlernst und seine verborgenen negativen Eigenschaften zum Vorschein treten. Nach einer gewissen Zeit wirst Du die Person als "hässlich" betrachten. Es werden sogar Momente geben, indem es Dir Unbehagen bereitet, diese Person zu sehen. Die Person, die Du als "schön" wahrgenommen hast, erscheint in Deinen Augen nun hässlich. Manchmal kann auch genau das Gegenteil eintreten. So viele Personen, die wir als hässlich betrachten, verschönern sich in unseren Augen durch das Hervortreten ihrer verborgenen schönen Eigenschaften. Schönheit und Hässlichkeit ist eine Gesamtheit. Der Mensch wird nur durch seine schönen Eigenschaften schöner. Die Schönheit der Gestalt ist nur die Schönheit, die nach außen hin zu sehen ist. Die Eigenschaften der Menschen sind in der Regel beim ersten Blick nicht zu sehen. Man sieht sie, indem man ihr Verhalten betrachtet. Was das für eine Betrachtungsweise ist, darüber sollte man nachdenken. Stärke diese Betrachtungsweise, erlerne die Eigenschaften zu erkennen. Erweitere diesen Blick und erleichtere es Dir, den EINEN ohne Form und Gestalt zu erkennen.

Würde die Zunge nicht reden, würde man das Herz nicht sehen. Mit der Aussprache der Zunge werden die Gefühle offenbart. Die Liebe unter Freunden ist zu sehen.

Das, was die Zunge spricht, leiten die Ohren weiter an das Herz. Im Herzen sprießen neue Gefühle. Die Zunge sollte wenig reden und viel weitergeben. In wenigen Worten sollte viel Sinn weitergegeben werden. Bei diesem Geben und Nehmen sollten die Wörter reduziert und der geistige Sinn vermehrt werden. Unter den Freunden muss die Kommunikation soweit ausgebaut werden, bis eine Basis der Verständigung ohne Worte geschaffen wird.

Wenn die Worte nicht ausgesprochen werden und die Ohren nichts hören, sprechen die Augen und die Herzen vernehmen. Letztendlich sollten die Zungen schweigen, die Augen sich schließen. Es sollte mit der Zunge des Herzens gesprochen und mit den Ohren des Herzens gehört werden. Mit den Augen des Herzens sollte man sehen und die Glückseligkeit sollte im Herzen des Menschen verspürt werden. Wenn Du die Hoffnung des Wiedersehens verspürt hast, warum folgst Du nicht der Einladung Deines heiligen Geliebten? Warum läufst Du in der Verzweiflung umher? Die auserwählten Geschöpfe Allahs sind wie die Flüsse, die im Meer münden. Die Liebenden Gottes füllen ihre Behälter mit dem Inhalt dieser Flüsse und reichen sie weiter an ihre Freunde. Das Wasser dieser Flüsse ist die geistige Ebene. Diejenigen, die die Seite der geistigen Ebene der Gottesliebenden sehen, schweigen. Umso mehr sie betrachten, umso mehr trinken Sie vom Wasser. Umso mehr sie trinken, umso mehr dursten sie danach und trinken erneut davon. Oh, Du Anreiz dieser Flüsse der göttlichen Liebe. Ertränke uns am liebsten in den Flüssen der göttlichen Liebe.

Wir haben gewählt, wir sind auserwählt.
Wir sind für die Gottesliebe geboren worden,
Wir leben für die Gottesliebe.
Wir werden für die Gottesliebe sterben.
Wir sind weg vom Zweifeln, was sollte es sein, wer sollte es sein.
Wir sagen nicht, wie sollte es sein.
Wir empfehlen nur die Eins für die Gottesliebe.
Wir vertrauen uns Dir an.
Nun schweigen wir, desto mehr wir dursten, schweigen wir.

Mein lieber Allah! Richte unser Interesse in unser Inneres. Lass uns an dieser Tafel der Wiedervereinigung zu denen gehören, die von Dir gestattete Nahrung zu sich nehmen dürfen. Lass uns nicht zu dem Kreis gehören, die ihren Körpern dienen, sondern zu denen Geschöpfen, die der Seele dienen und ihren Anweisungen Folge leisten.

Der Verstand der Menschen arbeitet immer nach außen und hat keinen Bezug zum Inneren. Mein lieber Allah, wende unseren Verstand unserer Seele zu.

Intelligente Menschen rechnen sich ihren Gewinn und Verlust aus. Sei klug und tauche in die Schätze der Wahrheit. Trenne die Welt und Deinen Schöpfer. Diene dem Volk mit Gerechtigkeit. Die Triebe sind klug, die Seele ist vernünftig. Der Verstand der Gottesliebenden ist an ihre Seelen gebunden. In beiden Ebenen entscheidet dieser Verstand. Das Wissen darüber, welches dieser Verstand an Wissen erlangt, kommt vom Schöpfer. Das weltliche Wissen ist vergänglich und zeitlich gebunden. Dieses Wissen wird von der Erde wieder zur Erde gehen. Wer das Wissen vom Schöpfer erlangt hat, wird sich vor Unberechenbarkeit und Hinterlist fern halten.

Stehe auf von Deinem Fenster, kehre in Dich selbst, bereinige Dein Haus. Lade den Schöpfer in Dein Haus ein. Trink gemeinsam mit dem Geliebten in Deinem Haus den Wein der Unsterblichkeit. Verfalle in einen Zustand der Benommenheit und finde Dich selbst. Wenn Du Dich selbst findest, wirst Du Dich selber sehen. Ansonsten werden die Augen Deines Körpers Dein „Sich-Selbst" nicht sehen. Seit Jahren suchst Du nach dem Geliebten, doch Du weißt es nicht. Seit Jahren bist Du mit IHM zusammen, Du schläfst sogar nachts mit IHM ein, doch weiterhin bist Du auf der Suche nach IHM. Erst wenn Du aus diesem Schlafzustand erwachst, wirst Du über Deinen Geliebten, mit dem Du über die ganzen Jahre zusammen bist, in Kenntnis gesetzt. Dann wirst Du das unendliche Glück kennenlernen, mit dem Schöpfer zusammenzufinden. Sei Dir über folgendes bewusst: Der Suchende ist der Gesuchte.

Wende Deinen Blick von der Gestalt, richte Deinen Blick der geistigen Ebene. Du dachtest, schlauer geworden zu sein, bist aber erneut in den Schein der Gestalten eingetaucht. Jede Angelegenheit hast Du mit den Gestalten, die Du wahrgenommen hast, interpretiert. Du hast das, wofür Du tagelang hinterhergelaufen bist, als Zufall eingeordnet. Du hast Dich selbst getäuscht, indem Du Dir gesagt hast: „Hätte ich meinen Verstand von heute, dann hätte ich es nicht getan!“ Oh, Du Bedauernswerter! Du hast Dich von der göttlichen Liebe entfernt und hast Deinem ungenügenden Verstand gedient.

Siehst Du, wie Du in die Falle getreten bist, obwohl Du sagtest: „Nein, ich werde mich nicht täuschen lassen, ich werde dem Weltlichen nicht wieder verfallen!“ Du dachtest, es ist eine große Leistung, die Porträts der Menschen, ihre Gesichter, zu beobachten. Nun sind Deine Augen und Dein Herz wieder den Gestalten verfallen. Du hast die Herzen, die mit dem göttlichen Feuer entfacht sind, beiseitegelassen und hast Dich den Gestalten gewidmet.

Mein Freund, Du bist ein hilfloses Geschöpf. Der erhabene Schöpfer hat Dich erschaffen, um sein „Dasein" zu repräsentieren. Er hat Dir Verstand und Wissen gegeben und sandte Dich auf diese Welt. Er sagte zu Dir: „Um auf der Welt leben zu können, arbeite, aber vergiss mich nicht, Deine eigentliche Heimat bin ich!"

Komm! Verfange Dich nicht in den Fallen dieser Welt, damit Du am Ende Deines Lebens nicht mit gesenktem Haupt vor Deinen Schöpfer treten musst. Halte Abstand von Deinen schlechten Freunden. Suche Dir Freunde, die Ihren Schöpfer nicht vergessen haben. Sei mit den Freunden zusammen, die treu sind, die sich nicht von ihrem Schöpfer getrennt haben und jeden Moment mit ihm leben. Vergiss nicht, soviel Du auch lesen magst, Dein geistiges Wissen wird eine Bestärkung des "Daseins" in Dir sein. Doch dieses Wissen wird nicht die Augen Deines Herzens öffnen, die ungefiltert die Welten betrachten können. Finde Jemanden, der im Trunkenheitszustand durch den göttlichen Wein ist, damit er Dich auch von diesem trinken lässt und Du ebenfalls im Trunkenheitszustand bist. Er soll Dich Deiner Last des "Dasein-Wollens“ befreien und in das Meer des Nichtvorhandenseins gießen. An die Pforte des Schöpfers geht man im „Nichtvorhandensein“. Jemand, der sich nicht vom Dasein befreit hat und ein Nichts ist, wird diese Pforte nicht finden. Du bist glücklich mit Deinem Dasein, mit Eitelkeit und Stolz. Du bist der Wache dieser Erde und im Schlafzustand in der geistigen Ebene. Solange Du den Dingen dieser vergänglichen Welt vertrauen schenkst, wirst Du Deinem Schöpfer fern sein. Wer sich nicht von dem weltlichen Dasein entfernt, wird sich seinem Schöpfer nicht nähern. All diejenigen, die ihre Erfüllung in Ihrer Wut, ihrem Nachtragend-Sein, ihrer sexuellen Lust, der übermäßigen Freude über Essen und Trinken erlangen, werden ihrem Schöpfer nicht gerecht.

Komm! Vertraue dem Einen. Der Macht, die Dich aus dem Nichts erschaffen hat. Erlange das Bewusstsein, dass all die Dinge auf dieser Welt Leihgaben sind und steige empor von der Welt hoch zum Himmelszelt. Diejenigen, die mit Ihrem Schöpfer zusammenfinden, sind wie die Fische im göttlichen Ozean. Dieser Ozean des Lebens hat keinen Anfang und kein Ende. Wenn Du eine Schlange bist, so wirst Du auf der Erde kriechen. Wenn Du ein Fisch bist, so wirst Du in die Ozeane tauchen.

Deine Seele ist ein Schatz, welches mit den Befähigungen des Schöpfers bestückt ist. Dieser Schatz ist in der Erde verborgen, in der Erde Deines Körpers. Dein Körper ist aus der Erde und wird wieder zurückkehren zur Erde. Deine Seele ist für die Ewigkeit. Öffne Deine Augen in Richtung Deines Inneren, damit Du diesen Schatz findest. Versuche mit ihm die ewige Glückseligkeit zu erlangen. Begreife Deinen Ursprung. Die weltlichen Menschen sind nach außen gekehrt, sie haben keine Ahnung über ihr Inneres. Sie verbringen ein Leben damit, aus dem Fenster zu blicken. Sie haben keinen Bezug zum Inneren des Hauses.

Der Mensch hat zwei Seelen: Eine, die durch Allah eingehaucht wurde, dies ist die menschliche Seele. Die andere Seele hingegen ist animalisch und sorgt dafür, dass der Körper intakt und stark bleibt. Das Wissen von Allah ist der menschlichen Seele gegeben. Diese Seele ist mit dem Band der Liebe mit dem Körper verbunden. Freude zu haben und bedrückt zu sein sind seine Züge. Diese Seele ist in der göttlichen Ebene, die belohnt oder bestraft wird. Diese Seele trägt je nach Wesen unterschiedliche Eigenschaften. Die tierische Seele ist wie die Seele aller anderen Lebewesen. Das Wissen von Allah ist ihnen nicht gegeben. Die menschliche Seele ist ein göttliches Licht von

Allah. Die Wahrheit dieser Seele wird der Mensch nur kennen, wenn er die Stufe der geistigen Reife erlangt hat.

Das Herz ist ein uns bekanntes Organ in unserem Körper. In der geistigen Ebene ist das Herz in diesem Körper der Diamant. Die Triebseele (Nafs) wird als Ausdruck der Wünsche und Äußerungen des Körpers beschrieben. In diesem Zusammenhang haben die geistigen Größen uns als erste Anweisung den Kampf gegen die Triebseele vorgegeben. Dies ist die erste Voraussetzung, um geistige Reife erlangen zu können.

Die andere Erklärung der Triebseele ist die Seele. Wenn der Mensch gegen die Seele in seiner ersten Bedeutung kämpft, erlangt er die zweite Bedeutung der Seele. So erklärt sich auf eine Weise der Sinn des Spruches: „Wer seine Triebseele (Nafs) kennt, kennt seinen Schöpfer!" Das bedeutet, der Mensch wird somit seine geistige Seele kennenlernen. Diese beinhaltet das Wissen von Allah.

In dem Menschen gibt es sechs Orte (Latife) und vier Elemente (Unsur). Die sechs Orte sind das Herz (Kalb), die Seele (Ruh), das Geheimnis (Sır), die Verborgenheit (Hafi), die letzte Stufe (Ahfa) und die Triebseele (Nafs). Die Elemente sind die Sonne, das Wasser, die Luft und die Erde. Wenn diese vier Elemente und die sechs Orte bereinigt werden und klar sind, beginnt der geistige Aufstieg.

Das Herz ist der Ort für die Liebe Allahs. Die Seele beinhaltet das Wissen Allahs. Mit dem Geheimnis sieht man göttliche Sphären. Hafiye bekommt Inspiration von Allahs Namen und Eigenschaften. Bei Ahfa widerspiegelt sich die Inspiration, die von Allahs Wesen kommt. Nafs ist dem Herzen untergeordnet, das Herz der Seele, die Seele dem Geheimnis, das Geheimnis der Hafi und Hafi der Ahfa. Durch den Aufstieg von Nafs wird das Herz erreicht. Durch den Aufstieg des Herzens die Seele, durch den Aufstieg der Seele das Geheimnis, durch den Aufstieg des Geheimnisses Hafi und durch den Aufstieg von Hafi wird Ahfa erreicht.

Diese Aufstiege sind am Anfang wie ein vorübergehendes Hoch- und Absteigen und werden in verschiedenen Gefühlswahrnehmungen gelebt. Später erlangen diese Gefühlswahrnehmungen Kontinuität und manifestieren sich in einer Stufe (Makam). Wenn diese Steigerung die Stufe Ahfa erreicht, ist das Verlassen des Körpers ohne weiteres möglich. So erfährt man das Geheimnis, vor dem Sterben zu sterben. Dieser Zustand verwirklicht sich, indem sich die benannten Orte zusammentun und den Körper verlassen. Diese Handlung ist nur denen vorhergesehen, die Mohammadi (Mohammedaner) sind. Nachdem diese Orte in das heilige Reich gelangt sind, kehren sie wieder zum Körper zurück.

Die Orte haben folgende Plätze im Körper: Das Herz unter der linken Brust, die Seele unter der rechten Brust, das Geheimnis über der rechten Brust, Hafi über der linken Brust und die Ahfa ist die Vertiefung (Mulde) unter der Brust. Diese Orte stehen in einer Verbindung mit den Plätzen im menschlichen Körper. Das bedeutet nicht, dass sie so klein sind und in unseren Körper reinpassen. Die Größe und Maße dieser Orte können mit unseren Worten nicht einmal beschrieben werden.

Alles, was es im Universum gibt, ist im Kern des Menschen. Der Kern des Menschen ist sein Herz. So wie es im Universum eine Stelle gibt (Arşı Azam), in der die Gnade Gottes als Eigenschaft Gottes herrscht, so gibt es auch im Herzen eine Stelle (Arşı Azam), in der die Geistigkeit herrscht.

Die göttlichen Informationen (Feyz) werden durch die Züge des Schöpfers als Allerbarmer an die Himmelskuppel (Arş) niedergesandt. Die Himmelskuppel hat zwei Facetten. Eins ist das Engelsreich (Melekut Alemi). Das andere das Eigentumsreich (Mülk Alemi). Das Engelsreich nimmt die göttlichen Signale an. Mit dem Reich des Eigentums werden diese Informationen an alle Details

(Cisim) weitergegeben. Denn alle Details haben eine Beziehung zu der Himmelskuppel. In diesem Zusammenhang erhalten die Details Informationen von der Himmelskuppel. Ein Detail, was keine Informationen erhält, zerfällt und verschwindet.

Auch in Deinem Herzen gibt es wie bei der Himmelskuppel zwei Facetten. Die eine ist dem Seelenreich und dic andere dem Körperreich zugewandt. Mit der dem Seelenreich zugewandten Facette werden göttliche Informationen entgegengenommen. Mit der dem Körperreich zugewandten Facette werden die göttlichen Informationen an den Körper weitergegeben. Wenn nur einen Moment diese göttlichen Informationen (Feyz) nicht an das Herz weitergegeben werden würden, dann würde der Körper zugrunde gehen. Wenn ein Organ keine göttlichen Informationen erhält, hört das Organ sofort auf zu arbeiten. Die Himmelskuppel im Universum ist die Stelle, der die gesamten hohen Namen Allahs seine Züge und das göttliche Licht seines Wesens zuteilwerden. Das Herz eines vollkommenen Menschen, der die höchste Stufe erreicht hat, hat die Himmelskuppel nur Allahs Wesen gewidmet.

Die Geliebten Gottes haben auf dem Weg desFreunden Gottes Schöpfers gearbeitet, sich an seine Gebote mit Exaktheit gehalten. Mit Allahs Hilfe und Wunsch ist der

Wissende in den Kreis der Geliebten aufgenommen worden. Die Seele der Gebete ist die Absicht. Die Absicht sollte immer schön sein. Die Mühen, die das Geschöpf erbringt, werden von Allah im Hinblick auf seine Absicht bewertet. Wenn der Diener Gottes, Tag und Nacht im Gebet ist, aber seine Absicht schlecht ist, dann wird das Gebet vor dem Schöpfer keinen Wert haben.

Höre den Worten der Weisen zu und versuche sie zu verstehen. Hüte Dich davor, sie zu kritisieren, weil Du sie nicht verstehst. Bete und flehe Deinen Schöpfer an, damit Du Dich von dieser Taubheit und Blindheit befreist. Alle loben die Berge, das Tal, die Heide und die Wiese. Sei Du wach und lobe die Sonne!

Ich habe einige Menschen gesehen, die der Kleiderordnung angepasst immerfort beteten. Sie dachten über sich, dass sie die Vorbilder der Moslems sind. Oh, mein Allah! Was ist das für eine Einbildung? Als wenn außer ihnen kein anderer Moslem geworden ist. Er blickt sein Umfeld mit Stolz an und denkt dabei, dass er bescheiden sei. Dabei ist er in der Falle der Eitelkeit. Mein lieber Allah, lass auch diese Geschöpfe sich nicht umsonst bemüht haben. Befreie sie aus der Falle der Eitelkeit.

Kommt! Lasst uns kennenlernen und die Angelegenheit leichter gestalten. Kommt! Lasst uns jeden kennenlernen. Die einen sollen uns bewusst kennenlernen, die anderen sollen uns unbewusst kennenlernen. Die einen lernen wir bewusst kennen, die anderen lernen wir unbewusst kennen. Lasst uns die Angelegenheit leichter gestalten. Lasst uns alle bewusst kennenlernen. Alle sollen uns bewusst kennenlernen.

Wenn wir unterwegs sind, auf den Straßen gehen, auf Plätzen flanieren, lasst uns nach etwas Bekanntem suchen. Versuchen wir eine Bekanntschaft zu erkennen. Wenn Du Dich erinnerst, gibt es Menschen, die Dir wie eine Bekanntschaft von früher vorkommen. Du hast das Gefühl, Sie zu kennen. Einige von ihnen fragen dann sofort beim Zusammentreffen, um herauszufinden, ob man sich kennt oder nicht, ob man sich vorher irgendwo gesehen hat oder nicht. Jeder denkt dann nach, fragt nach, kommt aber am Ende nicht darauf, woher man sich kennt. Mich fragen auch Personen, denen ich in den letzten Tagen begegnet bin, woher wir uns kennen. Fragen Dich auch oft Personen, denen Du begegnest, woher sie Dich kennen? Wenn auch Du gefragt wirst, hast Du je darüber nachgedacht, woher diese -Dir nicht einfallende- Bekanntschaft herkommt?

Diese Bekanntschaft ist sehr alt, sehr alt. Diese Bekanntschaft ist eine Freundschaft, eine Seelenfreundschaft. Damit es verstanden wird, nenne ich es Freundschaft. Eigentlich ist es keine Freundschaft, sondern eine Seeleneinheit. Diese Bekanntschaft kommt aus der Einheit der Seelen, die Freundschaft, die durch die Einheit der Seelen zustande kommt.

Mevlana hat diese Erklärung in einem Satz zum Ausdruck gebracht: „Wir alle sind eine reife Person!“ Die Wahrheit von uns allen ist eine Seele. Alle Seelen sind von einer Seele.

In der Gestalt sind wir vielfältig, aber unser Ursprung ist in dem "Einen" gemeinsam. Der Ursprung unserer Körper ist die Erde. Der Ursprung unserer Seelen ist das göttliche Licht des Schöpfers. Die Vielfalt ist wegen der

Gestalt. In der geistigen Ebene herrscht die Einheit. Von der kleinsten Materie, der kleinsten Teile bis hin zu den größten Planeten des Sonnensystems und der Galaxien ist die Schöpfung eins, der Ablauf eins. Ist die Bewegung nicht eins?

Die Planeten sind in der göttlichen Liebe der Sonne verfallen. Sie drehen sich wie ein Kreisel (Parvanch) um die Sonne. Sie drehen sich um sich selbst und um die Sonne. Das Elektron ist in der göttlichen Liebe. Der Planet ist in der göttlichen Liebe. Die Galaxien sind in der göttlichen Liebe. Das Universum ist in der göttlichen Liebe. Das Lebewesen ist in der göttlichen Liebe. Die Ordnung ist in der göttlichen Liebe. Alles Erschaffene ist in der göttlichen Liebe. Dies ist eine Harmonie der göttlichen Liebe. Der Schöpfer liebt seine Geschöpfe. Du hast Dich selbst mit einem Vorhang zugezogen. Nur wenn es um Dich geht, bist Du wach. Du entscheidest mit Deinem Verstand und vertraust Deinem Verstand. Du weißt nicht, dass dein Verstand nicht über das Bewusstsein verfügt, um das Dasein Allahs zu begreifen. Wenn Du ein Berauschter Allahs wirst, wirst Du Dich von Deinem Zustand des eigenen Wachseins entfernen und den Zustand des Wachseins in der geistigen Ebene erreichen.

Die Augen derjenigen, die vom göttlichen Wein des

Schöpfers getrunken haben, werden mit dem göttlichen Licht glänzen. Sie sehen die Wahrheiten, die nicht zu sehen sind. Entferne Dich von Deinem Sein. Entferne Dich von Deinem Trübsal und den Sorgen und erlange die Fröhlichkeit des Propheten Mohammed (a.s.s.) Befreie Dein Herz von den Sorgen dieser Welt. Bewirb Dich um die Mühen der göttlichen Liebe, damit Du im unendlichen Reich zu denen gehörst, die die Genüsse der göttlichen Liebe erlangen. Diejenigen, die die Haut vergöttern, werden nur die Haut nähren.

Alle, die der Haut dienen; ihre Mühen werden zugrunde gehen. Die Haut wird am Ende verwesen und sich auflösen. Diene Deiner Seele, nähre Deine Seele. Die Seele wird unendlich da sein. Denk an die unbegrenzte Größe des Universums. Verstehe, wie armselig Du gegenüber dem ohne Grenzen mächtigen Schöpfer bist. Versuche wie ein Tropfen, welches in das Meer fällt, Dein Wesen aufzugeben und das Meer zu werden. Finde einen Gottesliebenden, dem sich alle diese Geheimnisse offenbart haben. Folge seinen Anweisungen und höre ihm aus ganzem Herzen zu. Indem Du ihm folgst, wird Dein Herz und Deine Seele vielleicht etwas für ihre Entwicklung bekommen.

Laufe nicht unter dem Regen,

In der Hoffnung, dass ein Tropfen auf Dein Kopf fällt.

Wenn Du lieben möchtest, liebe einen Tropfen aus dem Meer.

Lass Dich nicht von der glänzenden Farbe des Goldes, des Silbers blenden.

Wenn Du lieben willst, liebe ein Licht aus der Sonne, die ihm diese Farbe verleiht.

Liebe eine Schönheit, in der sich alle Farben, alle Schönheiten verstecken.

Auf der geistigen Ebene ist es nicht wichtig, wie Du wohin gehst, sondern wohin Du gehst. Das, was in der Vergangenheit war, ist eine abgeschlossene Sache und kann nicht widerrufen werden. Berechnungen sollte man unterlassen, hiermit ist insbesondere die Ausformulierung „Wäre das so gekommen, dann wäre Folgendes passiert" etc. gemeint. Wenn jemand beichtet und verspricht, seine Fehler nicht mehr zu wiederholen, sich an die Anweisungen Allahs hält und mit voller Überzeugung treu bleibt, der wird sich zurückziehen, um mit dem Schöpfer allein zu sein (Halvet). Halvet heißt, dass ein Geschöpf mit seinem Schöpfer allein ist. Im Zustand des Alleinseins wird der Dhikr fortgeführt. Der Dhikr wird gleich wie das Ein-

und Ausatmen des Dieners. Anders ausgedrückt, der Atem des Geschöpfes wird sein Dhikr. Nach einer Weile wird er das Schlagen seines Herzens hören, dann wird sein Herzschlag zu seinem Dhikr. Der Name, der im Dhikr genannt wird, geht in die Zellen im gesamten Körper über und nimmt es ein. Nun wird bei diesem Geschöpf der benannte Name Allahs sichtbar, denn er hat sich bei ihm manifestiert. Er wird Gefühle haben, die er zuvor nie hatte, ihm werden sich Dinge offenbaren, er wird nicht genug davon bekommen. Einige unbekannte Geheimnisse wird er anfangen zu verstehen. Jedoch kann er die Geheimnisse, auch wenn er wollte, nicht teilen. Egal, welche Stufe ein Mensch erlangt, er sollte sich vor seinem Schöpfer fürchten, als könne er jeden Moment alles verlieren. Die schönen Dinge, die er erlebt, sollten ihn nicht aufhalten und er sollte auf dem Pfad zu seinem Schöpfer voranschreiten. Er sollte sich im Schatten der göttlichen Liebe sicher fühlen. Außer der Sehnsucht zu Allah sollten keine Wünsche mehr vorhanden sein.

Du, mein Freund, der sich mit der geistigen Ebene befasst, weil Du einige Dinge wahrgenommen hast, solltest Dich nicht um Dinge, die Du gesehen hast oder nicht, wer es denn nun war, über übersinnliche Kräfte oder sonstige mediale Phänomene, Geschehnisse kümmern. Aus diesen

Gedanken entstehen falsche Vorstellungen und Deine schöne Seele wird damit belastet. Du kannst halluzinieren und Deinem Umfeld falsche Informationen geben. Du kannst richtig oder falsch nicht auseinander halten. In diesen Gefühlslagen gibt es keine Neugierde und keine Vorstellungen, die man sich macht. Das Herz soll nicht für Dinge ermüden, um die Zukunft zu erfahren oder Un bekanntes zu erlernen. Liebe Du Deinen Schöpfer, befasse Dich mit Deinem Schöpfer, führe Deine Gebete präzise aus. Verrichte Deine weltliche Arbeit, lebe in Frieden und Harmonie mit Deiner Familie und Deinen Kindern. Versuche Deinem Umfeld, Deinen Freunden ein nützlicher Mensch zu sein. Versuche für Deinen Schöpfer die Menschheit zu erleuchten, aufzuklären. Versuche die Liebe und den Frieden an die Menschen weiterzugeben. Versuche keine Erklärungen für überdimensionale Ereignisse zu finden, nimm die von sich aus geschehenen Ereignisse einfach hin. Die Personen, die sich mit den überdimensionalen Ereignissen zu sehr befassen, werden von ihrem Verstand irritiert und das Bewusstsein bzw. die weitere Aufnahme schwächt ab. Solche Menschen täuschen sich und können andere Menschen täuschen.

Die Heiligen können „Wunder" darbieten. „Das Wunder" ist die Ausführung von überdimensionalen Geschehnissen, die ein Geliebter des Schöpfers darbieten kann. Diese Wunder können nur von dem vollzogen werden, der die Züge Allahs erlangt hat. Das ist nämlich die ausführende Hand des Schöpfers. Es gibt auch Personen, die durch ständiges Probieren und Üben von besonderen Vorkommnissen einige Kräfte ausüben können. Dies ist aber kein Wunder, sondern diese Person ist talentiert. Die überdimensionalen Ereignisse der Propheten sind Wunder. An Wunder und Vorkommnisse zu glauben ist ein Fard (Farz). Einige Menschen begehen den Fehler, über die Heiligen schlecht zu reden. Sie zweifeln die Wunder an. Dies ist ein großer Fehler, diese Menschen wissen nicht, über wen sie da schlecht reden. Möge Allah ihnen vergeben. Das Wunder zeigt sich nicht bei einem Heiligen, damit er sich damit rühmen kann. Das Wunder zeigt sich auf dem Pfad des Schöpfers, entweder als Warnung oder um etwas Positives zu bewirken.

Lasst uns erwachen, meine Geschwister (Freunde). Wenn ihr über ein Talent redet, hütet euch davor, übel hinter den Wundern der Heiligen nachzureden. Von dem Heiligen werden diese Wunder meistens ausgeführt, um die Wunder der Propheten zu bestätigen. Außer Allah weiß Niemand, ob ein Heiliger wirklich ein Heiliger ist. Wenn Jemand von sich behauptet, dass er ein Heiliger ist, dem kann man nicht vertrauen. Wenn jemand sagt, ich bin ein Heiliger, dann traue dem nicht. Denn wer „ich bin" sagt, der kann kein Heiliger sein. Das „Ich-bin" beschreibt unsere Triebe. Die Triebseele kann kein Geliebter des Schöpfers sein.

Mein lieber Allah, auf Deinem Pfad bin ich nicht fehlerfrei. So wie es mir möglich ist, versuche ich mein Umfeld zu erleuchten. Ich bin Deiner Liebe verfallen. Ich habe es aufgegeben, eine führende Position zu erlangen. Ich möchte mich Dir ergeben und ein guter Diener sein. Für mein Versagen und meine Ungeschicklichkeit erbitte ich Dich um Vergebung. Lass mich und alle, die mir zuhören, zu denen gehören, die auf dem richtigen Pfad zu Dir unbeirrt fortschreiten und zu Dir gelangen. Lass uns zu denen gehören, die mit Deiner göttlichen Liebe mit Dir zusammenkommen. Entferne das „Sein-Wollen" aus uns. Lass uns den Wert des „Nichts-Seins" erkennen. Ich würde mich für Deine Liebe opfern. Mögen wir den Wert der göttlichen Liebe erkennen.

Lass auch Du den Wunsch nach Ruhm und Anerkennung los. Werde ein Diener ohne Anerkennung und Bekanntheitsgrad, damit Du fern von Hinterlist und Tücken bleibst. Dein Dhikr und Deine Gedanken sollen ständig mit Allah sein. Wenn Dein Herz von den weltlichen Gedanken geleert wird, wird es mit den Geheimnissen des Schöpfers gefüllt. Befreie Dich von den Sorgen und Freuden dieser Welt. Die Freuden und die Sorgen der Gottesliebenden kommen vom Schöpfer. Die Dienste der Gottesliebenden sind für Allah. Die Dienste der Gelehrten sind für das Paradies. Die Dienste der Heuchler sind für Anerkennung. Wenn Du ein wahrer Gottesliebender wirst, wirst Du zur gleichen Zeit ein Geliebter werden. Wenn Du Dich selbst aufgibst und den Schöpfer willst, dann bist Du Jemand, der erwünscht wird.

Wenn Du in das Meer der göttlichen Einheit tauchst, werden alle Formgebungen und Zugehörigkeiten verschwinden. Bitte Du IHN, je mehr Du IHN bittest, desto mehr Gründe wird ER Dir erschaffen. Sieh über die Gründe hinweg, erbitte DEN, DER diese Gründe erschaffen hat. Sieh über die Gründe hinweg und betrachte IHN in Dir selbst. Suche Jemanden, der im Herzen den Schöpfer gefunden hat. Dieser Mensch ist mit dem Schöpfer eins, erbitte von ihm die Nähe des Schöpfers.

Die Schönheit vom Freund Gottes ist in seinem Antlitz, ohne jegliches Filter, zu sehen. Die Augen der unmoralischen Begierden sind blind. Das göttliche Licht wird in den Augen der unmoralischen Begierden verfallen. Entferne Dich von ihnen und dem Eigennutz. Erbitte das

Licht Allahs. Das Antlitz des Schöpfers kann nur mit SEINEM göttlichen Licht gesehen werden.

Der Anhänger der Gestalt wird sein Glücksgefühl mit dem Wein der unmoralischen Begierden erlangen. Der Anhänger des Herzens wird mit dem Kelch der Wiedervereinigung den Wein der göttlichen Liebe trinken und in die Trunkenheit fallen. Wenn Du ein Anhänger des Herzens bist, bist Du eine Schönheit. All diejenigen, die vom Wein der göttlichen Liebe getrunken haben, werden sich nicht mehr schämen. Sie werden Sklaven der göttlichen Liebe. Derjenige, der Sklave der göttlichen Liebe ist, wird ein Sultan im Volk sein. Die Essenz vom Wissen und des Gebetes ist die göttliche Liebe.

Oh, Du Liebender, nimm erst die schönen Düfte wahr. Nimm die schönen Düfte wahr, die Dein Geliebter um sich versprüht und fühle, wie nah Dir Dein Geliebter ist. Bemerke den, der aus einem Tropfen Wasser diesen großen Körper im Bauch der Mutter heranwachsen lässt. Der Grund meines "Daseins" bist Du, eigentlich bin ich nicht ich. Ich verzichte auf beide Welten, ich wünsche mir nur Dich. Mein einziger Wille ist, Dein Antlitz zu sehen. Ich gebe alles auf, verkaufe mein Leben Stück für Stück auf dem Markt der göttlichen Liebe. Mein einziger Wunsch ist es, die Einheit mit Dir zu erlangen. Zu Ehren

Deiner treuen Diener, Deiner armseligen Diener, lass uns nicht auf uns selbst gestellt.

Oh, es ist mir wieder in die Gedanken gekommen,
Das eine Wort: Wiedervereinigung.
Wieder brennen alle Zellen lichterloh.
Und ich wiederhole leise:
Die Wiedervereinigung, die Wiedervereinigung.
Wann wird es sein?
Es wird keine Zeit geben und keinen Ort!
Er wird da sein, ich werde da sein.
Weder er wird da sein, noch ich…

Ob Allah Deine Gebete erhört oder auch nicht, bete Du weiter. Der Auftrag des Dienenden ist Allah anzuflehen. Hüte Dich davor eingeschnappt zu sein. Sei ein bedürftiger Diener, trage Dein Anliegen immer erneut vor. Wann ER Deinen Wunsch erfüllen wird und Dir etwas anbietet, weiß man nicht. Man stellt dem Gnädigen keine Fragen. ER macht das, was ER möchte. Diejenigen, die sich Weltliches wünschen, beten Tag und Nacht dafür.

Jedoch die Gottesliebenden wünschen sich jeden Moment und jede Sekunde ihren Schöpfer. Sie wünschen sich ihren Schöpfer und bitten IHN. Was immer Du von

Allah bittest, bitte es mit einem unschuldigen, reinen Herzen. Bitte es aus ganzem Herzen.

Die Herzen, die in den Fängen der Welt sind, sind krank. Sie sind abhängig von den weltlichen Dingen, mit ihren Wünschen ist das Herz eine Ruine. Flehe Allah an, damit ER Dich von dieser Abhängigkeit erlöst. Damit ER Dir mit SEINEM Wohlwollen genehmigt, ein Diener zu sein. Weil die weltlichen Menschen sich weltlichen Belangen verbunden fühlen, sind sie auf der geistigen Ebene krank. In Wahrheit stellen die weltlichen Belange nichts dar. Es gibt einen Schöpfer, der die Belange erschafft. Die Belange der Welt sind Vorhänge, die uns davon abhalten, die Wahrheit zu sehen.

Komm! Flehe Allah an, Dir die Quelle der Belange und Angelegenheiten zu zeigen. Vertraue nicht den Anhängern dieser Welt. Prahle nicht mit Deinen Freunden, Verwandten und Personen, die hohe Positionen besetzen. Ihre Freundschaft ist die Freundschaft, die über Belange entsteht, aus verschiedenen Gründen entsteht. Freundschaften, die ihre Gründe und Belange verlieren, werden aufgegeben. Vertraue Du in die Freundschaft, die bis in die Ewigkeit andauern wird. Fühle Dich geehrt, wegen dieser Freundschaft.

Vertraue der Freundschaft unter den Körpern nicht,

der Körper wird zerfallen, aber die Seele ist unsterblich. Vertraue der Freundschaft der Seele. Die Seele ist für die Ewigkeit. Verfalle in den Trunkenheitszustand durch den göttlichen Wein. Vergiss Dich. Ohne dass Du Dich aufgibst, wirst Du IHN nicht finden können. Vergiss Dich, gib Dich auf, damit Du IHN findest. Deine Verwandten und die Dir Nahestehenden werden versuchen, Dich an diese Welt zu binden. Sie wünschen sich, dass Du so wirst wie sie. Damit Du ein Leben lang in den Fängen der weltlichen Angelegenheiten gefangen bleibst.

Bei der Seelenfreundschaft glänzt die Sonne der Einzigartigkeit Gottes. Die Fledermäuse werden dies nicht sehen. Wo ist der Falke, der dies sehen kann? In der Vergangenheit haben Yunus´e und die Mevlana´s und die anderen Freunde Gottes viel für die Spiritualität gearbeitet. Ihre Begabungen und ihr Wissen haben sie uns als Erbe hinterlassen. So wollten sie uns an den Geheimnissen, die sie erlangt haben, teilhaben lassen. Lasst uns aus den animalischen Fängen mit diesen Geheimnissen befreien. Lasst uns mit Allah vorhanden sein. Alles, was da ist, ist ER. Außer IHM gibt es nichts. Die Heiligen kennen keine Tausend. Wenn zu der Eins, Eins hinzukommt, sagt er nicht Zwei. Er wird die Eins der Tausend hinzufügen und Eins sagen.

Oh, Du Gottesliebender! Der Segen des allmächtigen Erschaffers ist für all diejenigen, die in sorgevollen Zeiten geduldig sind. Wenn Du SEINE Sorgen erträgst und geduldig bist, so wird sein Segen Dich erreichen. Wenn Du SEINE Segen und SEINE Sorgen als eins anerkennst, so wirst Du fühlen, dass der Segen in den Sorgen versteckt ist. Wenn man das erste Mal Alkohol trinkt, ist der Geschmack bitter. Doch wenn man sich an den Alkohol gewöhnt und abhängig wird, sehen die Augen der Betrunkenen nichts anderes, außer dem schädlichen Gift. Die Augen des Betrunkenen sehen kein anderes Getränk mehr.

Wenn Deine Seele sich an die Nähe des Freunds Gottes gewöhnt hat, möchte sie nur noch mit ihm zusammen sein. Die Nähe, die man zu den Freunden Gottes empfindet, ist im Grunde die Nähe zum Schöpfer. Sie sind die Geliebten Allahs. Sie sind die glücklichen Personen, die in ihren Herzen den Schöpfer gefunden haben. Mit dem Schöpfer sehen und mit dem Schöpfer reden. Sie sind bescheidene und gereifte Persönlichkeiten. Sei achtsam, sieh nicht herab auf ihre bescheidene Art. Wer ihre Hände hält, wird zu dem Schöpfer gelangen.

Die Freunde Gottes werden Dir zuerst Geheimnisse mitteilen, die keine Geheimnisse sind. Sie werden Dir unwichtige Informationen geben und Dich auffordern, dies mit Niemandem zu teilen. Sie werden sagen: „Dies bleibt unter uns“. Falls Du schon am Anfang solche Themen als unwichtig betrachtest und es anderen weitererzählst, werden sie Dir keine wahren Geheimnisse mitteilen. Sogar in diesem Zustand denken sie an Dich und schützen Dich. Denn derjenige, der die wahren Geheimnisse weitergibt, enthüllt die Geheimnisse des Schöpfers. Das könnte Dein Leben kosten, so wie es Hallaci Mansur sein Leben gekostet hat. Ob diese Geheimnisse in Dein Verstand passen oder auch nicht; auf dem Weg zu Deinem Schöpfer sind es seine Liebesspiele. Das Gehirn kann das nicht mit seinen Methoden bewerten. Der Verstand, der sagt: „Ich befolge jeden Ratschlag des Freundes und nehme es aus dem ganzen Herzen an“, wird sich dagegen wehren, sobald es nicht zu seinem Urteilsvermögen passt. Er wird sich innerlich wehren und den Ratschlag ablehnen. So sehr sich auch das Herz hingibt und alle Ratschläge annimmt, das Herz und der Verstand teilen nicht die gleiche Ansicht, sie gehen getrennte Wege. Wenn die göttliche Liebe in den Herzen der Liebenden gestärkt ist, werden sie diese Hürde leicht überwinden. Sie werden das Urteilsvermögen des Verstandes nicht benutzen. Sie werden sagen: „Alles, was der Schöpfer seinem Erschaffenen zuteilwerden lässt, hat seine Richtigkeit!“

Einige nehmen von Anfang an alles auf dem Pfad der göttlichen Liebe an, was in der Zukunft passieren wird, ohne zu wissen, was ihnen widerfahren wird. Wenn Sie dann Geschehnissen gegenüber stehen, die sie mit ihrem Verstand nicht vereinbaren können, fragen sie zugleich: „Was ist das für eine göttliche Liebe!“ Ist es mit der weltlichen Liebe auch nicht so? Zuerst gefällt Dir eine Person, dann liebst Du sie. Aus der Ferne erträumst Du Dir Dinge, die ihr gemeinsam erleben werdet. Du denkst, Du würdest für diese Person sterben. Nachdem ihr euch verlobt und euch näher kommt, ist Dein Verstand durcheinander. Nun fragst Du Dich: „Wie kann das so sein?“ Nachdem ihr heiratet, vergisst Du das Verliebt sein und die Liebe. Du fragst Dich nun: „Was ist das für eine Liebe? Was ist das für ein Verhalten?“ Denn die schönste Liebe erlebt der Mensch in seinen Vorstellungen.

Der Mensch träumt selbst vor sich hin, stellt sich Dinge vor und genießt es. Wenn er dann mit der Realität konfrontiert wird, werden seine Wünsche und Träume zerstört und er wird unglücklich.

Bei der göttlichen Liebe ist es eine Voraussetzung, sich ohne Zweifel hinzugeben, dem Schöpfer zu vertrauen. Wer sich seinem Schöpfer anvertraut und hingibt, dem kann keiner - außer der Schöpfer selbst - etwas antun. Für das, was vom Schöpfer kommt, kann man keine Rechenschaft vom Schöpfer verlangen. Die Gottesliebenden, die das nicht begriffen haben, werden schon am Anfang wanken, sogar daran scheitern. Mit Zweifeln und Hinterfragungen wird er nicht zur Wiedervereinigung mit dem Schöpfer gelangen. Denn er zählt den Schöpfer als Alternative zum Volk. Dieser Mensch wird nicht in der Dimension der Gottesliebe verbleiben.

Wenn auch Du in Allahs Gegenwart stehen möchtest, dann sei mit den Geliebten Allahs, den auserwählten, wahren Menschen zusammen. Allah ist in jedem Moment durch sie zu sehen. Wenn Du zu Allah wiederfinden willst und die Wiedervereinigung wünschst, dann versuche ihre Eigenarten, ihr Benehmen zu übernehmen und Dich ebenfalls wie sie zu benehmen, zu verhalten. Denn Allah ist ihnen nah geworden; weil er die Eigenarten und das Benehmen seines Geschöpfes liebte, hat er sich mit ihnen wiedervereint. Ihre Eigenarten und ihr Benehmen sind von Allahs Charakter. Allah findet sich selbst am Schönsten. ER ist von sich selbst beeindruckt. ER sucht sich selbst. Bei welcher Person ER einen Zug von sich selbst entdeckt, dort spiegelt ER sich wieder.

Der Prophet Mohammed (a.s.s.) der Geliebte Allahs,

hat sich mit den Eigenschaften und Tugenden von Allah bestückt. Er hat die Eigenschaften und Tugenden in seinem Verhalten und seinem Benehmen übernommen. Somit wurde er das Wesen, an dem sich die Züge (Sıfatlar) Allahs widerspiegeln. Wer wird in dem Wesen gesehen, indem sich die gesamten Züge Allahs widerspiegeln? Dies können nur die Augen sehen, die sich nicht die Form und die Gestalt ansehen. Dies können die Augen sehen, die die Eigenschaften und die Tugenden kennen.

Stelle eine Verbindung zwischen Deinen Augen und Deinem Herzen her, damit Du nicht nur die Gestalt erkennen kannst, sondern auch die Begabung erhältst, die Eigenschaften und Tugenden zu erkennen. Lass Dein Herz mit der Aufregung der göttlichen Liebe erfreuen, um es anschließend zu bereinigen. Sei ruhig und sauber, damit das Antlitz des Selbigen in Deinem Herz spiegelt. Bereinige Dich von jeder Triebhaftigkeit. Nimm es dem Freund nicht übel, der Dich rüttelt. Warte dort, wo Du dem Vertreter Allahs, seinem Heiligen, begegnet bist, auf ein Zeichen von ihm. Höre auf ihn, beobachte ihn. Schenke seinen Handlungen, die Deinen Verstand durcheinander bringen, keine Beachtung. Denn alles, was bewertet werden kann, ist vergänglich und nicht von Dauer. Allahs Wesen passt nicht in Gedanken.

Ich habe angefangen Dich zu suchen,
Mit der Sehnsucht in meinem Herzen.
Unter Bekannten oder Unbekannten, habe ich Dich immer gesucht.
In der Hoffnung, dass mir Jemand begegnet, der Dich kennt, habe ich mich auf den Weg gemacht
Bewusst oder unbewusst, habe ich immer nach Dir gesucht.
Überall bis hin zu den Augen Narzissen gleich, bis zu dem Blickenden eines Falkengleich
Bin ich umhergelaufen, und habe nach Dir gefragt.
In den Augen Narzissen gleich,
Manchmal zeigten die befragten Personen mir ihren eigenen Zustand.
Ohne darüber Bescheid zu wissen, dass Sie mit Dir beschäftigt sind
Schließlich habe ich verstanden, dass es umsonst ist.
Dich von Dir zu erfragen,
Dich mit Dir zu finden ist entzückend,

Suche den, den Du suchst, in Deinem Herzen. So werden Dein Gehirn und Dein Verstand in Sicherheit sein und gesund bleiben. Wenn Du nicht weißt, wie Du in Deinem Herzen suchen musst, so suche Jemanden, der

Dir die Fackel Deines Herzens hält und Dir den Weg weist. Der wahre Beweis ist er.

In einem Filmstudio werden unterschiedliche Filme produziert. Jeder Film berichtet über ein anderes Thema. Sie sprechen unterschiedliche Zuschauerklassen an. Die unterschiedlichen Kinos suchen sich die Filme nach dem Geschmack ihrer Zuschauer aus und erstellen eine Reihe der Filme, die sie ihren Zuschauern anbieten. Indem ein Zuschauer unterschiedliche Kinos aufsucht, kann er sich einen Überblick über die angebotenen Filme verschaffen. Das Kino, welches die Filme, die ihm gefallen, anbietet, wird favorisiert und regelmäßig besucht. In den spirituellen Gesprächen der Freunde Gottes werden die Filme des Schöpfers und seine Wahrheit beobachtet und gehört. In diesem Studio werden die Drehbücher geschrieben, die Szenen ausgearbeitet und der Film hergestellt. Man geht nicht dorthin, um einen Film zu sehen.

Der Baum bietet seine Früchte über seine Äste an. Wenn Du dem Ast keine Beachtung schenkst, wie willst Du nach der Frucht des richtigen Weges greifen? Wie willst Du den Kern vom Baum des Universums schlucken und auf den richtigen Weg gelangen? Wie kannst Du den Ästen des Baumes, die sich Dir herunter beugen und ihren Ästen, die bis zum Boden reichen, keine Beachtung schenken? Wie kannst Du sagen: „Ich werde das, was ich mir nehmen möchte, vom Baum selbst nehmen!“ Du bist ein Sonderling, wie willst Du auf den Baum klettern, wie willst Du auf ihn steigen? Auch wenn Du hinaufkletterst, wirst Du am Baumstamm keine Früchte finden. Ohne, dass Du nach den Ästen greifst, wirst Du nicht das Geheimnis dieser Angelegenheit erfahren.

Suche keine wissenschaftlichen, literarischen, schönen Wörter, in dem was ich schreibe. Ich bin kein Literaturwissenschaftler, ich bin ein Schriftsteller. Ich schreibe nur die Wahrheiten. Beachte nicht die Fehler im Satzbau, schau nicht, wo der Punkt ist oder ob das Komma an der richtigen Stelle steht... Sieh Du die Wahrheit, begreife die Wahrheit. Begreife, wie man die Freundschaft des Gottesfreundes pflegt, wie man ein vertrauenswürdiger Freund wird, wie man ihm zugehörig und treu bleibt. Versuche dies zu erlernen. Lies diese Zeilen nicht als Jemand, der nach Fehlern sucht, lies sie als wahrer Sehnsüchtiger. Sonst wird es keinen Nutzen erzielen. Du wirst Deine Zeit umsonst verschwendet haben.

Sie nennen mich einen "Schauspieler",
In jedem Augenblick mit einer Rolle auf der Bühne auftretend,

Manchmal Tragödie, manchmal Komödie,
Unwissend, was ich spiele.
Zu mir sagen sie Schauspieler.
Meine Augen erwarteten Applaus,
Von den Herzen meiner Freunde.
Zu mir sagen sie Schauspieler,
Immer trete ich auf für das Gute.
Eigentliche bin ich eine,
Die Augen mit Tränen gefüllte, arme Marionette.

Das göttliche Licht des Glaubens ist Allahs göttliches Licht. In wessen Herzen sich das göttliche Licht des Glaubens auffüllt, dessen Eigenschaften verschönern sich und sein Charakter verbessert sich. Diesem Geschöpf werden die Geheimnisse des Allmächtigen Schöpfers zuteil. Die Eigenschaften des Schöpfers füllen sich in diesem Herzen. Er entfernt sich von seinen eigenen Eigenschaften. Wenn das Herz die Eigenschaften des Schöpfers besitzt, wird es zu seinem Schöpfer gelangen. Sein Wesen wird der Spiegel des Schöpfers sein. Dort wird die Existenz des Schöpfers glänzen. Dieser göttliche Glanz ist wie das Licht der Sonne. Jemand, der das Licht gesehen hat, hat somit auch die Sonne gesehen. Wenn du Deinen Schöpfer sehen willst, dann nähere Dich mit Deinem Herzen den Herzen der

Auserwählten. Verbinde Deine Seele mit ihrer Seele. Dann wirst Du mit dem Schöpfer zusammenfinden. Höre auf ihre Ratschläge. Es mag sein, dass ihre weltlichen Angelegenheiten nicht gut laufen und sie kein hohes weltliches Einkommen haben. Öffne Du trotzdem Deine Ohren und befolge ihre Ratschläge. Bei denjenigen, dessen Augen des Herzens blind sind, wird in Gegenwart des Gottesfreundes nur ein kurzes Erleichterungsgefühl, ein Wohlbefinden auftreten. Dieses Gefühl wird er durch das göttliche Licht, welches er vom Freund Gottes nimmt, erhalten. Aber wenn er sich dann wieder entfernt, wird er sich ihm distanzieren und wieder unglücklich sein. Wenn Du einen Verstand hast, entferne Dich nicht von ihnen.

Höre den Worten der Weisen zu und versuche sie zu verstehen. Hüte Dich davor, sie zu kritisieren, weil Du sie nicht verstehst. Bete und flehe Deinen Schöpfer an, damit Du Dich von dieser Taubheit und Blindheit befreist. Alle loben die Berge, das Tal, die Heide und die Wiese. Sei Du wach und lobe die Sonne! Wenn das Sonnenlicht und die Farben des Sonnenlichtes nicht wären, würde sich dann Jemand zu der Schönheit dieser Stellen äußern? Was haben diese Schönheiten unseren Augen gegeben? Jemand, der die Sonne lobt, wird den Blick seiner Augen und die Kraft seines göttlichen Wissens gelobt haben. Die schönsten Gebete sind die, die man weinend und flehend erbringt. Einem Kind, was nicht weint, gibt man keine Milch.

Umso dicker der Bauch wird, desto schwächer wird die Seele. Anstatt nur Deinen Bauch zu sättigen, sättige doch auch ein bisschen Deine Augen und Dein Herz. Stelle Deinem Verstand den vollkommenen Verstand der Gottesliebenden vor. Erwecke ihn aus dem Schlafzustand. Lass Deinen Verstand herabsteigen in Dein Herz, lass den einen Tropfen Verstand in die Ozeane einmünden. Halte Dich fern von denen, deren Gesicht nicht rein ist. Halte Dich von den Heuchlern fern. Falle nicht in die Fänge der hinterlistigen Blicke. Vertraue nicht den Personen, die nicht erleuchtet wurden, gib ihnen Deine spirituellen Geheimnisse nicht Preis. Jeder ist seinem Vergnügen hinterher. Keiner kümmert sich um das Vergnügen des Anderen. Sei Du schlau und bevorzuge das Vergnügen der Freunde Gottes anstatt Dein eigenes Vergnügen. Trinke den göttlichen Wein aus dem Weinglas der Gottesliebenden. Trink den göttlichen Wein der Wahrheit und erlange das Glücksgefühl, werde zu einem Abhängiger der Wahrheit. Wenn Du Jemanden suchst, der keine Richtung und kein Ziel hat, der ohne Bindung ist, ohne Zeit, ohne Ort, dann befreie Dich von der Abhängigkeit der fünf Sinne und sechs Richtungen. Nachdem Du Dich von dem Sein Deines Körpers befreit hast, suche IHN, damit Du IHN findest. Wenn ER Dir das Verlangen des Lesens gegeben hat, dann wird ER Dir auch Deinen Weg zeigen. Verliere nie Deine Hoffnung. Seine ungebundene Schönheit hinterlässt keine Erinnerung. Keiner kann sich an IHN erinnern und IHN beschreiben. Befreie Dich von der Faszination von Augenbrauen und der Augen, entledige Dich der Wahrnehmung von Form und Gestalt. Siehe die ungebundene Schönheit im Antlitz des Schöpfers. Liebe IHN. Befreie Dich von Deiner Wollust, befreie Dich von den Fängen Deiner Haut. Befreie Dich von den animalischen Freuden und steige zu den Freuden der Gottesliebenden auf.

Jemandem, dem ein Anteil im göttlichen Gespräch zukommt, der wird einen süßlichen Geschmack auf der Zunge seiner Seele vernehmen. Demjenigen, dem kein Anteil zukommen soll, dem wird es langweilig sein. Er kommt in einen Zustand, der unerträglich für ihn wird, sodass er weggehen will. Weil sein Verstand die Wahrheit (Hakikat) nicht erreicht hat, denkt er, sein Freund wäre sein Feind. Du tust ihm etwas Gutes, aber er denkt schlechte Sachen über Dich. Bei der nächsten Gelegenheit, würde er Dir etwas Schlechtes antun.

Manche Personen nehmen an den göttlichen Gesprächen, Unterhaltungen der Gottesliebenden teil. Sie nehmen daran teil und wundern sich über den Zustand der Gottesliebenden, die unter Tränen in einem Zustand des Glückes und Wohlwollens sind. Sie sagen: „Warum weinen sie jetzt? Was gibt es zu weinen?“ Natürlich gibt es nichts zu weinen, mein armer Freund, es gibt nichts. Für diejenigen, die hören und sehen, gibt es vieles. Es gibt so vieles, für das gefleht und geseufzt werden sollte. Flehe Allah an, damit dieser geheimnisvolle Kern dieser göttlichen Gespräche, Unterhaltungen auch in Deinem Herz einschlägt. Es soll einschlagen, damit die Seiten Deines Herzens zittern und Deine Lungen brennen. Dann wirst Du den Zustand derjenigen verstehen, die tief aus dem Inneren weinen und ihr Weinen nicht mehr unsinnig finden. Weine auch Du, wenn Du einen Funken Verstand hast, dann sei betroffen davon, dass Du der Wahrheit so lange ferngeblieben bist. Flehe Allah an, damit die Ohren Deiner Seele hören, damit die AugenFreunden GottesDeiner Seele sehen. Sei befreundet mit den Gottesliebenden und nimm an den Gottesgesprächen der Gottesliebenden teil bis Du diesen Zustand erreicht hast. Versuche nicht, sie einer Prüfung zu unterziehen. Während Du prüfst, wirst Du geprüft, du wirst zugrunde gehen.

Sei Jemand, der einen reinen Glauben besitzt. Schau nicht alles, was Du siehst, mit einem schiefen Blick an. Hilf Deinem Umfeld im Rahmen Deiner Möglichkeiten. Das Gute und das Böse sind wie die Kinder des Menschen. Die Kinder, die Du auf Dieser Welt hast, bleiben auf dieser Welt. Wenn Du ein wohltätiges Kind erzogen hast, werden seine Wohltaten Dich erreichen. Aber die "Kinder" Deiner Handlungen und Taten werden sich an Dir festhalten und mit Dir zusammen in das andere Reich ziehen. Dort wirst Du ihre Güte sehen. Komm! Solange Du Zeit hast, kehre Deinen Sünden den Rücken zu. Entferne Dich von den schlechten Dingen, verlasse Deine schlechten Eigenschaften. Verhalte Dich den Gottesliebenden gleich, eigne Dir ihr Verhalten an. Lass ihre Sorgen zu Deinen Sorgen werden.

Das Gesagte in den Gottesgesprächen zu verstehen ist etwas anderes und das Gesagte aufzunehmen ist etwas anderes. Mal siehst Du, dass jemand das, was gesagt wurde, verstanden hat und um es besser verstehen zu können, Fragen stellt. Ein anderer weint, ohne im Bewusstsein darüber klar zu sein. Ich betone, ohne im Bewusstsein darüber zu sein. Denn, wenn diese Person wahrnimmt, dass die Tränen ihr die Wangen hinunter fließen und sie sich mit ihren Händen die Tränen wegwischt, blickt diese Person erstaunt auf die Nässe in ihren Händen. Diese Person, versucht selbst zu verstehen, warum sieFreunden Gottes-weint. Dann dreht sie sich zu euch um und fragt nach dem Grund ihres Weinens. Dieses Geschehen zeigt auf, dass diese Person, ohne zu verstehen, gehört und aufgenommen hat. In diesem Fall wird aufgezeigt, dass diese Person die Gottesgespräche mit den Ohren des Herzens gehört hat. Diese Person hat noch nicht einmal ihren Verstand ermüdet, denn sie hat mit der Seele gehört und verstanden.

Lasst uns hören, liebe Freunde, liebe Seelen, lasst uns hören! Was bringt uns das Verstehen, ohnc zu hören? Was bringt es, etwas zu wissen, ohne es zu hören oder wahrzunehmen? Wenn Du ein Kind warnst, es möge sich vor dem Feuer hüten, kannst Du es erläutern, so oft Du es möchtest. Aber wenn es nur ein wenig das Feuer mit der Fingerspitze berührt, wird es dann nicht noch einmal nach dem Feuer greifen? Wenn wir daran arbeiten, das Erzählte in den Gottesgesprächen zu hören, wird das Herz eines Tages zu denen gehören, die Ehre und Freude erlangen, von demjenigen, über den andauernd geredet wird, dem heiligen Erschaffer. Aus diesem Grund müssen wir, wie es Mevlana gesagt hat, “das Ohr des Körpers schließen und mit dem Ohr des Herzens zuhören, damit wir den

Freund hören”. Lasst uns die Augen des Körpers verschließen, lasst uns die Augen des Herzens öffnen, damit wir das Feuer sehen.

Hast Du schon einmal einen „Freund“ gesehen, bei dem Du schon beim ersten Treffen und Sehen dachtest, du würdest ihn seit Jahren kennen? Bei dem Du mit jedem Gespräch die Jahre übersprungen hast und ihm in kurzer Zeit sehr nahe standest. Hast Du solch einen Freund gesehen? Einen, der Dich von Dir genommen hat, der Dich mit Deinen eigenen Händen gestreichelt und geliebt hat, der Dir Deine Eigenschaften eine nach der anderen, ohne sie Dir zum Vorwurf zu machen, vorgehalten hat. Hast Du solch einen Freund gesehen?

Du, wahrer Freund, wahrer Geliebter,
Ich habe verstanden, durch Deinen Silberblick,
Durch Dich gehend, die Wahrheit.
Mit der Zeit habe ich die Wirkung der Geduld bemerkt.
Der wahre Freund kommt in der Wahrheit,
Über alle Freuden der Welt stehend.

Versuche einen verständnisvollen Freund zu finden. Bereinige Dein Inneres, lass keinen schlechten Gedanken in Deinen Verstand, zerstöre nicht Deine Empfindungen,

Lasse nicht zu, das Deine Gefühle durch negative Gedanken getrübt werden. Sei zu Niemandem, der Dir als Freund Gottes seine Hand reicht, ein Heuchler. ändere nicht Deine guten Absichten. Nimm die Ratschläge, die er Dir gibt, aus ganzem Herzen an, setze die Ratschläge präzise um. Wenn Du all das, was er wünscht, umsetzt, wirst Du Dich der göttlichen Liebe geopfert haben (selbstlos sein). Wenn Du später dem Weltlichen verfällst und das erlebte und die Taten aus dieser Zeit bereust, wirst Du, ohne es beeinflussen zu können, in den Reihen der Heuchler und Vortäuschenden sein. Alles, was Du in der Vergangenheit als schön angesehen, empfunden hast, wirst Du dann abstreiten und ihm ein Feind werden. Du wirst das, was Du gewonnen hast, vergessen und Rechnungen aufstellen, für das, was Du gegeben hast. Die Gottesliebenden werden von Niemandem das Recht missbrauchen, zudem von Niemandem unter Zwang etwas aneignen. Komm! Befreie Dich von den Berechnungen und dem Argwohn Deines kleinen Verstandes. Entferne Dich von dem äußeren Schein Deiner Empfindungen, löse Dich von ihrem Einfluss. Schätze den Wert der schönen Absicht. Vor Mecnuns Augen werden Hochzeiten gefeiert und die Gesellschaft trifft zusammen, er jedoch bemerkt nichts davon. Seine Augen suchen wieder Leyla. Sein Herz fragt nach Leyla. Sein Herz brennt mit dem Feuer des Wiedersehens.

Der Gottesliebende ist anständig. Jemand, der keinen Anstand hat, wird niemals ein Gottesliebender sein. Er wird von dem Geliebten niemals das Gewünschte bekommen. Der Anstand ist der Lotse des Gottesliebenden. Wenn er seinen Anstand verlässt, wird er der Qual Allahs begegnen und Not erleiden. Er wird das, was er getan hat, bereuen und tagelang weinen. Diejenigen, die sich gegenüber dem Geliebten respektlos benehmen, schaden nicht nur sich selbst, dieses unangebrachte Benehmen wird auch Einfluss auf die anderen haben. Er wird die Gottesliebe der anderen schwächen. Derjenige, der den Sorgen der Gottesliebe verfallen ist, wird von all seinen Sorgen befreit. Er wird nur eine Sorge haben. Diese Sorge wird ihm Behagen geben. Sie wird der Grund dafür sein, dass er glücklich ist. Unterhalte Dich kontinuierlich mit den Gottesliebenden, damit sich diese Sorge auf Dich überträgt.

Oh, Du Weggefährte auf dem Pfad des Herzens! Die Zeit fließt unaufhaltsam schnell. Das Leben endet. Verschiebe diesen Tag nicht auf morgen. Komm! Die Gottesliebe wartet auf Dich. Lass Dein Leben nicht unnötig verstreichen. Suche den verborgenen Schatz in Dir und finde ihn. Bereinige Dich von jedem Eigennutz und der sexuellen Begierde. Bleib fern von der Heuchelei. Befolge die Befehle Allahs mit Reinheit. Suche auf dem Pfad des Schöpfers diejenigen, die mit der göttlichen Liebe zu IHM gehen. Bleib denen fern, die Dich von Deinem Weg abhalten. Die Liebenden des Schöpfers sind nicht getrennt von ihrem Schöpfer. Ihre Gottesgespräche sind die Unterhaltungen des Schöpfers. Sie hören und reden ständig mit dem Schöpfer. Sie haben sich verloren und den Schöpfer gefunden. Ihre Gestalt ist Schatten, ihre Seele die Sonne. Befreie Dich von der Eifersucht und dem Neid, damit Du die Sonne, die diesen Schatten hervorbringt, siehst. Ordne Dich ihr unter, wirb um sie.

Die auserwählten Geschöpfe Gottes zu lieben, ist wie Allah zu lieben. Mit ihrer Liebe öffnet sich Dein "Ohr der Geheimnisse" und der Vorhang vor Deinem "Auge der Geheimnisse" wird sich öffnen. Dann wirst Du mit den versteckten Geheimnissen vertraut. Gleichzeitig wirst Du das Wissen erlangen, dass die Bedeutungen nicht an die Form gebunden sind. In den Handlungsweisen der Gottesliebenden, die den Handlungsweisen des Volkes ähneln wirst Du immer andere Bedeutungen finden. Dich von den Formen distanzierend wirst Du in die Tiefen der Bedeutungen eintauchen. Die Gestalt ist vor den Bedeutungen hilflos. Beobachte Du die Bedeutungen, die Bedeutung ist das Meer. Die Gestalt ist nur ein Meeresschaum. Die Bedeutung ist das Innere, die Gestalt die Schale. Zerbrich nicht die Schale, bevor Du Dein Inneres nicht hast reifen lassen. Ruiniere nicht die Gestalt. Wenn Dein Inneres gereift ist und die Wahrheit erlangt hat, dann lass Deine Gestalt, Dein Gesicht ruhig zerknittern und altern. Lass es zu einer Ruine werden, der Diamant Deines Inneren soll zu sehen sein. Deine wahre Schönheit soll wie die Sonne hinter zerbröckelten und umgekippten Bergen aufgehen.

Die Augen der Gottesliebenden sind mit Tränen gefüllt, ihre Herzen brennen und ihre Gesichter sind blass. Die Gottesliebenden finden die Mühen, die sie für die Liebe Gottes aufbringen, besser als die Genüsse und die Freude. Tag und Nacht ist er in Sehnsucht. Der, nach dem er sich sehnt, wird zum Sehnsüchtigen selbst. Wer aus dem tiefsten Herzen den Freund sucht, der Suchende selbst ist der gesuchte Freund. Derjenige, der mit der göttlichen Liebe des Freundes seufzt und sich selbst vergisst, wird den Gesuchten in sich selbst gefunden haben. So, wie der Gottesliebende eine Zuneigung zum Geliebten hat, so hat der Geliebte eine Zuneigung zum Gottesliebenden. Aus diesem Grund wird ein Zeitpunkt eintreten, in der der Gottesliebende der Geliebte; der Geliebte der Gottesliebende wird. Diese Wandlung geschieht durch die Gottesliebe. Die göttliche Liebe liebt und wird geliebt.

In dieser göttlichen Liebe gibt es etwas, was mich berührt,
Was nicht fassbar ist.
Ich bin ein Mittel, sagst Du, ohne Zweck zu sein.
Manchmal sagst Du meine Rose, die die Nachtigall schwärmen lässt.
Lassen wir die Feststellung und verständigen uns,
Allahs göttlicher Liebe wegen…
Du bist der Liebende und der Geliebte zugleich,
Du bist wahr in der göttlichen Liebe,
Du bist die Wahrheit selbst.

Die Gottesliebenden sind nicht eigennützig. Für den Schöpfer möchten sie alles mit denen, die sie lieben, teilen. Mit ihrem Hab und Gut werden sie mit denen, die sie lieben, Teilhaber. Sie trachten nicht nach Profit. Der Gottesliebende, der Niemanden für die Gottesgespräche findet, wird den Eindruck haben, allein zu sein und in der Ferne umherlaufen. Er wird nicht glücklich werden können. Kommt! Lasst uns die Wahrheiten finden. Weinend sind wir auf diese Erde gekommen, lasst uns lachend -mit Freude- von ihr gehen. Lasst uns auch die schönen Düfte wahrnehmen, die sich in den Gottesgesprächen verbreiten. Lasst uns zu denen gehören, die die Wahrheit bezeugen können. Die Gottesliebenden schenken denen, die sich aufgrund ihrer Gebete und Anbetung im Paradies sehen, keine Beachtung. Sieh nicht herab auf die verkommenen Herzen, in diesen Herzen gibt es verborgene Schätze. So wie die Hölle die Sünden verbrennen wird und man von den Sünden befreit, in das Paradies gehen wird, wird das göttliche Feuer die Sünden der Gottesliebenden auf dieser Erde verbrennen. Sterbend, bevor sie sterben, gehen sie ohne Sünden zu ihrem Schöpfer. Ihr Paradies wird auf dieser Erde erbaut.

Nach der Begebenheit des Todes verlässt die Seele den Körper. Je nach Reinheitsgrad durchläuft die Seele einen spirituellen Aufstieg. Sie möchte die Himmelfahrt vollenden, indem sie die Stufen des Himmels einzeln er-klimmt. Wenn der Reinheitsgrad nicht ausreichend ist, dann wird die Seele von einer bestimmten Stelle während des Aufstieges, zur Befragung an seine Grabstätte zurückgesandt. Die Beantwortung der Fragen erfolgt sowohl mit der Seele als auch mit dem Körper. Die animalische Seele ist vergänglich, nur die menschliche Seele wird das Paradies oder die Hölle erreichen, nachdem sie den Versammlungsort der Auferstandenen und den jüngsten Tag durchgegangen ist.

Kennst Du den ständig wiederholten Ablauf? Hast Du gemerkt, dass jedes Geschehen zu seinem Ursprung zurückkehrt? Hast Du darüber nachgedacht, dass das gesamte Universum von einem Punkt ausgeht und drehend an den Ursprungspunkt zurückgelangt? Hast Du den kleinen und den großen Kreislauf begriffen? Das Leben dreht sich, das Elektron dreht sich, die Welt dreht sich. All diese unterliegen einer Anziehung, mit Eifer und der nicht endenden Energie, mit dem Ziel, sich um ein Zentrum zu drehen. Alles dreht sich um die göttliche Liebe. Sie trennen sich von ihrem Ursprung und kehren wieder zu ihrem Ursprung zurück. An diese gebunden dreht sich auch die Zeit. Wann ist die Vergangenheit? Wann ist die Zukunft? Wo ist der Anfang, wo ist das Ende? Auch die Zeit dreht sich und fließt dahin. Was dreht sich denn nicht, für all diejenigen, die die Wahrheit im Universum, sei es auch mit Hilfe der Wissenschaft, sehen? Der Samen, der in die Erde geworfen wird, wächst und sprießt, wird wieder als Samen in die Erde zurückkehren. Und Du, meine Liebe, mein Lieber? Auch Du drehst Dich. Dein Leben dreht sich in einem ständig wiederholenden Ablauf. Dein Körper entstammt aus der Erde und kehrt wieder zur Erde zurück. Sei klug und kenne Deinen Ursprung und kehre mit

Deinem Ursprung an die Stelle zurück, wo Du herkommst. Höre die Anweisung „Kehre zurück" von Deinem Schöpfer und kehre zurück zu IHM. Solange Du einen Verstand besitzt, leiste der Anforderung folge und kehre zurück. Lebe dieses Leben, indem Du die Wahrheit des Lebens erkennst. Verbringe Dein Leben nicht mit dem Essen, dem Trinken und dem Schlafen. Nimm das ganze Universum wahr.

Die Sonne geht immer im Osten auf und im Westen unter. Aber wir wissen folgendes: Da sich die Erde ständig dreht, gibt es weder ein Osten, noch ein Westen. Doch wir wissen nicht, warum ein Teil der Erde als Osten benannt wurde. Es gibt aber einen Fakt. Alle Propheten wurden im Osten geboren, die Weltreligionen haben ihren Ursprung im Osten. Die Geburt der Wissenschaften hat auch im Osten stattgefunden. Die Sonne geht im Osten auf, steigt und geht im Westen unter. Damit die Sonne im Westen aufgeht, müsste sich die Erde andersherum drehen. Das ist im physischen Sinne so. In der Spiritualität heißt das Aufgehen der Sonne im Westen, dass die Wahrheit vom Westen verteilt wird. Es ist nicht zu übersehen, dass in der letzten Zeit in der weltlichen Welt anhand von wissenschaftlichen Forschungsergebnissen viele Wahrheiten ans Tageslicht gebracht wurden. Vielleicht werden eines Tages diese Forschungen bis zu den Geheimnissen der Schöpfung vordringen und die Menschheit wird die Wahrheit sehen können. Dann wird das Zeitalter des Glaubens abgeschlossen sein, alles wird erwiesen sein. Bis zu diesem Zeitpunkt wird der Glaube walten und der Zeitraum der Vergebung Allahs andauern. Nach dem Zeitraum der Bestätigung wird der Glaube all derjenigen, die Gottesglauben bekunden, nicht mehr ihre Gültigkeit als Glaube haben.

Oh, Menschensohn! Warte nicht darauf, dass die Sonne im physischen Sinne im Westen aufgeht oder die Welt sich andersherum dreht. All dies sind auch Anzeichen des jüngsten Tages, warte nicht auf sie! Die Sonne der Wahrheit ist im Anbruch, um über die Wissenschaften im Westen aufzugehen. Glaube an das Sein des Schöpfers und bitte um Vergebung, bevor die Sonne im Westen aufgeht. Sonst wird die Zeit vorbei sein. Vielleicht wird die Liste der Glaubenden gefüllt sein. In Wahrheit gibt es weder Osten, noch Westen. Weder Stunde, noch Minute, weder rechts, noch links. Im Grunde gibt es auch keine Namen. Alles, was wir sehen und wissen, ist relativ. In Wahrheit haben alle einen Namen, dieser ist Adam.

Bis zu diesem Tag hast Du vieles gesehen und erlebt, Du hast ein Leben verbracht. Nun bist Du erwacht. Du hast das Glaubensbekenntnis (Schahada) abgelegt: "Ich bezeuge: Es gibt keinen Gott außer Allah und ich bezeuge, dass Mohammed der Gesandte Allahs ist." Du hast seinen Propheten mit Deinem Herzen bestätigt, was wirst Du nun machen? Erst wirst Du für Deine Fehler, die Du in der Vergangenheit gemacht hast, Reue zeigen und diese nicht mehr wiederholen, Buße tun, Dich ihnen abkehren. Welcher von diesen Fehlern Dir auch immer in den Gedanken kommt, wirst Du sofort „Tövbe Estağfirullah" sagen und Dich davon lösen. Diesen Zustand wirst Du beibehalten, bis Deine Fehler und die falschen Taten sich aus Deinen Erinnerungen entfernen. Auf der anderen Seite solltest Du versuchen, Allah nie zu vergessen und Dich mit seinen Geboten befassen. Du solltest keine neuen Fehler machen und Sünden begehen. Du solltest versuchen, ein Leben auf dem richtigen Weg zu führen. Du solltest Dir und den anderen nichts vortäuschen. Deine Hände von den schmutzigen Machenschaften dieser Welt nehmend, solltest Du die Stufe der Reinheit erreichen. Ab dann wirst Du die Nähe des Schöpfers erfahren, IHN wiedertreffen und mit IHM eins werden.

Wenn Du einen Glauben ohne Zweifel besitzt, IHM anvertrauend mit IHM bist, wirst Du mit sicheren Schritten auf dem Pfad des Schöpfers ein guter Reisender sein.

Wenn Du den Gottesgesprächen Gehör schenkst und Bücher liest, wirst Du anfangen zu begreifen, woher Du kommst und wohin Du gehst.

Wenn Du des Schöpfers wegen das Volk liebst, wenn Du den Erschaffenen seines Erschaffens wegen mit Verständnis begegnest, wenn Du einen Funken der göttlichen Liebe in Deinem Herzen findest, dann geh auch Du in die Kreise der Gottesliebenden. Hör Dir seine Gottesgespräche an. Höre, damit der nach Sehnsucht riechende Atem von ihnen Dich verbrennt. Verlass sie nicht voreilig, weil Du Dir sagst, dass Du nichts verstanden hast. Denn in den Kreisen der Gottesliebenden trinkt man den Wein der göttlichen Liebe. Mit der göttlichen Liebe und dem Elan der göttlichen Liebe des Schöpfers wird man weinselig und verfällt in einen Trunkenheitszustand. Man schaut nicht mehr zurück, ob man einen Vater, eine Mutter, Kinder und Verwandte hat. Dann sind die Wahrheiten für diejenigen mit Anstand, in ihren Herzen zu sehen. Vergiss nicht, mein Bruder, meine Schwester, derjenige, der keinen Anstand hat, wird in den Kreisen der Liebenden keinen Anteil bekommen. Man stellt keine Fragen und diskutiert sie aus. Man baut in den Gottesgesprächen nicht den Markt des Wissens auf. Man nimmt in der Weinstube seinen Anteil an dem, was kommt. Man hält sich nicht nach

Gutdünken fern.

Der erhabene Schöpfer sagte: „Bei demjenigen, der mich liebt, werde ich der redende Mund und das sehende Auge sein!“ Wo ist der wahre Gottesliebende? Wo ist der Geliebte des Schöpfers? Man muss sie suchen und finden. Man muss ihnen nah sein. Man muss leidenschaftlicher Hörer der Gottesgespräche sein, Diener der Gastwirtschaft der göttlichen Liebe sein.

Wenn Du nicht entzückt bist in einem der Gottesgespräche, an dem Du teilnimmst und nichts in Deinem Herzen verspürst, dann kontrolliere Deinen äußerlichen Anstand und Deinen innerlichen Anstand. Wie sitzt Du, wie hörst Du? Hast Du die ausreichende Ernsthaftigkeit? Welche Parasiten fügst Du Deinem Verstand in den Gottesgesprächen bei? Hältst Du Deine Hände und Füße still? Trennen sich Deine Augen und Ohren vom Gottesgespräch? Sind sie umhergehend auf der Suche nach Fehlern? Bereiten Deine unangebrachten Kommentare Übelkeit? Oder langweilst Du Dich, weil Du denkst: „Das haben wir schon oft gehört, immer die gleichen Sachen!“ Die Gottesgespräche geben euch, mit dem, was ihr kennt, die unbekannten Bedeutungen. Die Herzen werden eingenommen, der Kopf ermüdet nicht. Du hast Deine Beine übereinander geschlagen, in Deinem Mund ist ein Kaugummi… Wo befindest Du Dich? In den Gesprächen des Schöpfers? „Ich kann nichts mitnehmen, ich kann nichts hören, nichts empfinden“, klagst Du. Natürlich kannst Du nichts hören. Sogar in die Gegenwart eines Beamten oder Vorgesetzten begibst Du Dich mit so viel Anstand und so viel Respekt, um Dein Anliegen vorzutragen. Du weißt nicht, in wessen Gegenwart Du Dich in den Gottesgesprächen befindest. Schaue nicht, wer die Gottesgespräche ausführt, sondern über wen gesprochen wird, denn Du befindest Dich in der Gegenwart, über den gesprochen wird, über Deinen Schöpfer. Schaue Dich gut um. Alle, die hören, weinen. Alle, die Behagen verspüren und die Informationen der göttlichen Liebe wahrnehmen, vergessen sich selbst. Komm! Lass uns in seine Gegenwart gelangen, die Angelegenheit leichter gestalten. Das Gottesgespräch wird niemandem etwas entziehen oder vorenthalten, wenn im Kern ein Funken der göttlichen Liebe ist.

Sieh nicht,
auf meine Handlungen, die denen der anderen ähneln.
Sieh, ich habe auch zwei Augen, einen Mund und Lippen,
Wie die anderen.
Siehst Du den eigentlichen Unterschied, mit Deinem
anderen Blick.

Es gibt doch Wörter, die mehrere Bedeutungen haben.
Es gibt ein Auge, was den Augen Trieblust gibt.
Und ein Auge, das den Augen die Gottesliebe gibt.
Nun, ich habe auch einige Handlungen,
Die den anderen ähneln,
Die anders empfunden und anders gefühlt werden
Welches aber nicht die gleiche Bedeutung trägt.

Erlerne das Wissen, welches die Wahrheit vermittelt. Erlerne das Wissen des Schöpfers. Verbring Dein Leben nicht mit Dingen, die aus der Vorstellungskraft entsprungen sind.

Ein Freund sagte zu mir: „Das Buch, das Du geschrieben hast, ist nicht qualitativ hochwertig!" Als ich nach dem Grund fragte, antwortete er: „Die Hülle, der Druck, die Grammatik, die Form!" Oh, mein Lieber, habe ich Dir nicht gesagt, dass ich kein Literaturwissenschaftler bin, sondern nur ein Schriftsteller? Du bist nur an dem Äußeren haften geblieben, Du hast Dich nicht dem Inneren hingegeben. Hättest Du den Inhalt begriffen, dann würdest Du heute nicht in dieser Lage sein. Dann hättest Du einfach verstanden, dass unsere Handlungen, die denen der anderen ähneln, wiederum durch den Inhalt anders sind als die Handlungen anderer.

Ich habe viele Personen gesehen, die viel hinterfragt und viel gelesen haben. Sie haben viel gelesen und viel gelernt. Jedoch haben sie das Bewusstsein nicht erreicht, um das Gelesene zu praktizieren. Und andere wiederum sind viel herumgekommen, sind viel unterwegs gewesen, sie haben sich von allem, was sie sahen, täuschen lassen und konnten nicht Geliebter eines Freundes sein.

Was sagte Yunus Emre: „Hodscha (Gelehrter), mögest Du hunderttausend Mal zum Hadsch gehen, wenn Du das ELİF nicht kennst, was hat Dein Lesen auf sich?" Dann lasst uns ein wenig das Elif näher betrachten. Elif ist in der Bedeutung das Zeichen von der Einheit des Wesens

Allahs. Das bedeutet: Jedes Lebewesen vereint sich, indem es sich selbst aufgibt mit dem wahren Eigentümer des gesamten Erschaffenen. Die Anwesenheit des einzig wahren Existierenden ist nur möglich, wenn es keinen anderen Existierenden gibt. Sonst würde es eine Zwietracht geben. Man kann die einzig wahre Existenz nicht fühlen, wenn man ein anderes Vorhandensein akzeptiert.

Der Mensch, der die Dienerschaft angenommen hat, muss sein eigenes Vorhandensein aufgeben und seine Aufmerksamkeit auf den einen wahren Vorhandenen richten. Die Gefühle, die Du zu Deinem eigenen Vorhandensein hast, muss man an das Vorhandensein Deines Schöpfers binden und ständig mit seinem Vorhandensein leben. Die allmächtige Existenz ist das einzig Vorhandene, in dem sich die Namen und die Züge sammeln. Alle Begabungen im Universum sind seine Begabungen. Wir vermuten bei einigen, dass sie uns gehören.

Wenn der Diener anfängt, die gewünschten Anbetungen Allahs selbst wünschend zu erfüllen, wird er seine Züge sehen. Er wird beten, als ob er Allah sehen würde. Aufgrund dessen wird er seiner Nähe gerecht. Im wahren Sinn bedeutet es, nur er kann ihn sehen. Wenn von Allah die Gabe kommt und er sich mit der Seele verbindet, wird der Diener in der erreichten spirituellen Stufe des Betrachtens IHN als den Schöpfer nah sehen (Hakkel Yakin). Möge Allah allen Gottesliebenden es ermöglichen, IHN mit IHM selbst zu sehen. So wie es beim ELIF ist, sind in den Buchstaben des Korans verschiedene verborgene Bedeutungen. Das Recherchieren und das Erlernen sowie das Begreifen dieser verborgenen Bedeutungen in Deinem Wesen werden Dir nützlich sein. Man kann die Wörter nicht lesen, bevor man nicht die Buchstaben erlernt. Lasst uns das wahre Wissen lesen, das Wissen des Schöpfers erlangen.

Wisch den Schmutz und den Staub der Welt von Deinen Augen, damit Deine Augen glänzen. Sie sollen andere Werte als Dein Hab und Gut sehen, andere Werte suchen, sich von dem Betrachten von Oberschenkeln und Beinen befreien und die wertvollen Schönheiten des Schöpfers sehen und entzücken. Die Augen sollen in eine andere Welt tauchen. Mit dem göttlichen Licht des Schöpfers umhüllt werden. Deine Blicke sollen die Blicke eines Falken sein und sich von dem Fledermaus-Dasein befreien. Öffne Deine Augen des Herzens, öffne Deine Ohren des Herzens und gib Dir Mühe, die von mir ausgesprochenen Geheimnisse zu verstehen. Erbitte Hilfe von Allah. Wenn die Geheimnisse von Allah bis zu Dir gelangen, wirst Du diese Geheimnisse fühlen. Ansonsten glaube nicht, dass Du sie mit bloßem Erarbeiten erlangen wirst.

Oh, Du gütiger Schöpfer! Mit meinen Sünden bin ich zu Dir gekommen. Lass mich mit Deiner Gunst zu Deinen treuen Dienern gehören. Ohne Deine Hilfe gelingt nichts. Der Eifer unserer Bemühungen ist bei Dir. Seufze, weine, vergieße Tränen. Erbitte den richtigen Weg vom Schöpfer, wünsche Dir, Dich von Unwissenheit und Schlechtem zu befreien. Befreie Dich von Deinen Rebellionen. Bevor due anfängst Deinem Umfeld Ratschläge zu erteilen, erteile lieber Deiner Triebseele Ratschläge. Erzähle dem Liebenden, dessen Geliebter der Schöpfer ist, nicht von einem anderen Geliebten. Erzähle demjenigen nicht, dessen Wissen Allahs Wissen umfasst, von dem ausgeliehenen, vergänglichen Wissen. Erzähle demjenigen der mit der Sehnsucht der göttlichen Liebe brennt, nicht von den Jungfrauen aus dem Paradies. Erzähle demjenigen, der mit dem Wein der göttlichen Liebe in einem Trunkenheitszustand ist, nicht vom Wasser der Trauben. Wenn Du einen Weg findest, versuche dazuzugehören und an allem Anteil zu haben. Bemühe dich seine Genüsse zu erlangen. Ruiniere Dich nicht selbst, indem Du Dein Verstand ermüdest um seine Handlungen zu verstehen. Der Verstand ist wie Gabriel. Bis zu dem Meer der göttlichen Liebe gelangt er über Land und Luft. Das Meer der Gottesliebe ist Feuer, dort schmilzt der Verstand. Um dieses Meer aus Feuer überqueren und zu dem Schöpfer gelangen zu können, braucht man ein Herz wie das Reittier unseres Propheten.

Diese Sache funktioniert nicht, indem man graue Haare bekommt. Finde jemanden, der mit der göttlichen Liebe die Wiedervereinigung erreicht hat und erlerne von ihm die Weisheiten der wahren Reife. Derjenige, der fern von Allah ist, ist ein Kind. Sein Herz ist nicht erwacht und seine Bedeutung ist noch nicht geboren. Sieh in das Auge eines Auserwählten, der ihn erlangt hat, damit Dein Augapfel aufwacht und Dein Herz wieder lebt. Dann wirst Du geboren, Du wächst und wirst reif. Dann fängst Du an, auf dem Feld Samen zu streuen. Du sammelst die Ernte und häufst sie an. Du trennst die Spreu vom Weizen. Du trennst den Kern und trägst es zum Lager.

Manche lieben die Farbe Blau, manche Grün oder Rot. Andere lieben wiederum andere Farben. Wenn Du eine Farbe liebst, dann empfindest Du keinen Hass auf die anderen Farben. Sind denn nicht alle Farben aus einem Licht herausgehend? Jemand, der eine andere Farbe schlecht macht, der wird auch nicht die Wohltat seiner geliebten Farbe erfahren. Gehört die Farbe nicht dem Licht und das Licht der Sonne? Die Farben sind anders, die Geschmäcker und Vorlieben sind anders. Je nach Geschmack gibt es eine passende Farbe. Finde die Farbe, die Dir gefällt.

Finde Deine Farbe, indem Du Deine durch die Geburt erhaltene Struktur, Deine Schöpfung und die aus Deiner Schöpfung geborenen Geschmäcker, Deine Art und Vorlieben gut kennenlernst. Wenn bei dieser Wahl ein Fehler auftritt, dann ist es das Ergebnis davon, dass Du Dich selbst nicht gut kennst. Es ist nicht das Problem der Farben, die aus dem gleichen Licht ihre Farben wiedergeben. Wenn eine Farbe seine Schönheit mit Sorgfalt präsentiert, dann ist es nicht die Hässlichkeit der anderen Farben. Beim Freund Gottes hat jeder seine eigene „Seite". Die Beziehung und das Freundschaftsverhältnis, die man mit ihm hat, stehen auf dieser Seite. Keiner kann die Seite eines anderen sehen und sollte sie auch nicht sehen wollen. Dies hat die Bedeutung, dass jeder ihn eigen für sich kennt. Jeder kennt denselben Freund anders, der Freund des Einen ähnelt nicht dem Freund eines Anderen. Aber wer kann ihn so kennen, wie er ist? Nur die, die ihm voll und ganz ähneln, die die gesamten Seiten des Buches so lieben, wie er sie liebt, werden ihn kennen. Diejenigen, die mit ihrem Benehmen, ihren Eigenarten und ihrem Handeln ihm ähnlich sind. Aus diesem Grund ist kein Anlass für unangebrachte Eifersucht gegeben. Der Freund, den alle kennen, ist für jeden anders. Er befasst sich nur mit IHM. Vergessen wir nicht, dass die Freunde Gottes sich der Gesellschaft gewidmet haben, er ist der Freund von jedem. Lernen wir ihn kennen, lasst uns ihn lieben, richten wir uns nach ihm. Aber lasst uns nicht denken, dass er uns persönlich gehört. Unterlassen wir es, ihn uns anzueignen. Lasst uns aus diesem Grund keine Herzen brechen. Jeder hat seinen Schöpfer in ihm.

Gibt es die Eifersucht in der Spiritualität? Ja, die gibt es. Der größte Eifersüchtige ist der allmächtige Allah. ER akzeptiert es nicht, wenn in das Herz SEINES geliebten Dieners ein anderer existiert, außer IHM. ER möchte, dass im Herzen SEINES Dieners nur ER ist. Aus diesem Grund sollten wir darauf Acht geben, auf welche Weise wir ein Lebewesen lieben und keine Existenz wie Allah lieben.

Weißt Du, wie eine Liebe in Dein Herz gelangt? Erst schaust Du aus ganzem Herzen mit einem einvernehmenden Blick. Dann fühlst Du das Eintreten in Dein Herz. In dem Moment, in dem Du das bemerkst, sei reumütig und bitte um Vergebung bei dem, der Dich erschaffen hat. Bitte darum, dass es, bevor es einen Platz in Deinem Haus des Herzens findet, mit Deiner Bitte herausgenommen wird. Vor allem ist es unangebracht, wenn man eifersüchtig auf andere ist und sich aus diesem Grund ihnen gegenüber distanziert oder sich kühl verhält. Diese Gefühlslage ist unpassend für einen Menschen, der der göttlichen Liebe verfallen ist. In kürzester Zeit sollte man dieses sinnlose Verhalten sein lassen und im Herzen die Heiligkeit des gemeinsamen Lebens, des "Einen", fühlen.

Wenn Du Gefangener solcher Gefühle sein solltest, denke an die Anderen, die aus dem ganzen Herzen den Geliebten lieben. Diese Personen nicht zu lieben bedeutet, den Geliebten nicht zu lieben. Die, die ihn lieben, musst Du mit ihm lieben. Wie es Yunus gesagt hat: „Wir tolerieren den Erschaffenen, lieben ihn des Schöpfers wegen!" Wir lieben diejenigen, die den Geliebten des Schöpfers lieben, in unserem Innern. Wir haben eine besondere Zuneigung zu ihnen, weil sie den lieben, den wir lieben. Wie kann man sonst in der Runde der Gottesliebenden den Wein der Einheit trinken und die Wahrheit des Eins-Seins erfahren? Lasst uns nicht zu denen gehören, die nach Fehlern suchen, sondern zu denen, die sich nach der Einheit sehnen. Lasst uns lieben, für den Geliebten lieben. Diejenigen zu lieben, die der Geliebte liebt, bedeutet, den Geliebten zu lieben, die Einheit mit dem Geliebten zu erlangen. Sich von denen, die den Geliebten lieben, gestört zu fühlen und sie zu hassen, ist ein großer Fehler. Jeder soll IHN viel lieben. ER ist die einzige Existenz, die es würdig ist, geliebt zu werden und die es würdig ist, gelobt zu werden. Geben wir uns einander die Herzen. Lasst alle zusammen den Geliebten erwähnend zu dem Geliebten gelangen. Lasst uns die heilige Liebe unter den Herzen verteilen.

Welch lieben ist das?
Die, die Du liebst, konnten wir nicht lieben.
Welch wissen ist das?
Wir haben das, was Du gesagt hast, nicht verstanden.
Wir haben uns selbst immer etwas vorgetäuscht.
Wir haben uns selbst getröstet.
Wir haben es nicht geschafft, eine Einheit zu sein.
Wir haben es nicht geschafft, uns wie Geschwister zu fühlen.
Welch lieben ist das, mein Sultan?
Wir haben Deine Gefälligkeit geliebt,
Wir haben es nicht geschafft, aus Gefälligkeit zu lieben
Immer haben wir eingefordert, immer haben wir genommen.
Welch lieben ist das, mein Sultan?
Wir haben es nicht geschafft, um Deiner Gefälligkeit wegen zu geben.

Die Gottesliebenden rühmen sich nicht mit ihrem Hab und Gut, mit ihrer Reinheit und ihrer Ehre. Für sie ist das Rühmen ein Mangel des Menschen. Der Gotteslie-bende ist bedrückt, wenn die Menschen um ihn herum ihn loben. Wenn dies im Übermaß stattfindet, verlässt er die Menschen in seiner Umgebung und geht. Der Kenner der Gestalt findet seinen Gefallen in der Gestalt. Die Gottesliebenden finden Gefallen in dem Sinn, in der Bedeutung. Sie finden Gefallen im göttlichen Licht. Die Auserwählten erlangen ihre Freude, ihr Gefallen aus der Bedeutung und dem, was zum Vorschein aus dem Liebenden erblickt wird. Auf beiden Seiten ist verschiedenes, unterschiedliches Wissen versteckt. Auch, was Du in der Gestalt siehst, ist die Bedeutung, wenn Du weißt, wie man sie sieht. Den versteckten Schatz kann man in den Gestalten sehen. Entferne Dich ja nicht von der Bedeutung und bleibe bei der Gestalt alleine. Denn dann wirst Du fern von dem Freunden Gottes Schöpfer sein und dem Freund des Volkes. Sieh Dir die Gestalten als die nach außen gekehrte Bedeutung an, nimm sie so an. Lass die Freude und den Genuss an den Gestalten stehen und versuche, den Genuss der Wahrheit Schluck für Schluck zu trinken.

Beschäftige Deinen Verstand und Deine Gedanken nicht so sehr mit dem Essen und dem Trinken und schlage Deinen Magen nicht voll. Dein Verstand und Deine Gedanken sollen nicht bei den Nahrungsmitteln sein. Achten wir darauf, nicht so viel Fleisch zu essen, denn es verändert unsere Eigenart. Wir übernehmen die Eigenarten des Tieres, von dessen Fleisch wir essen. Unsere Eigenart wird anfangen, sich der des Tieres zu ähneln. Vermeiden wir es, zu denen zu gehören, deren Cholesterinwerte im Blut zu hoch sind. Die Wirkung der Ernährung auf Körper und Geist zu erfassen ist äußerst komplex. Die Art unserer Ernährung verantwortet in wesentlichen Teilen unser Wohlbefinden für Körper, Geist und Seele. Wenn zum Beispiel das Schwein nicht eifersüchtig auf seinen Partner ist, kann dieses Benehmen sich auf den, der Schweinefleisch verzehrt, übertragen. Wenn eine Gesellschaft nicht eifersüchtig auf ihre Partner ist, wird die Herkunft der Menschheit verunreinigt. Dies wird die Menschheit negativ beeinflussen. Diejenigen, die Fleisch essen und diejenigen, die Obst und Gemüse essen, sind nicht gleich. Diejenigen, die Fleisch verzehren, sind wild und zerstörerischer. Der Mensch verändert sich durch seine Ernährung. Indem wir viel Obst und Gemüse essen, sollten wir unsere Triebseele zähmen, sie ruhiger werden lassen. Wir sollten versuchen, so ruhig und unschuldig wie ein Lamm zu sein. Verzehre nach Möglichkeit kein

Fleisch. Verknüpfe Deine Gefühle nicht mit Deinem Magen und Darm. Denn in diesem Zustand bist Du wie ein Körper ohne Seele. Deine Seele ist umhüllt mit den weltlichen Gaben, wie soll sie die spirituellen Genüsse wahrnehmen? Denk wenig an das Essen und das Trinken. Iss wenig, trink wenig, damit Du Deine Gefühle von Deinem Magen und Deinem Darm fernhältst. Misch nicht in das reine Lebenswasser den Staub und die Erde, damit Deine Empfindungen und Deine Gefühlswelt der Spiritualität geöffnet bleiben. Mach Dir keine Sorgen darüber, wie Du das neben der Arbeit und Deinem täglichen Leben umsetzen sollst. Bis Du Dich daran gewöhnst, wirst Du Deine Triebseele ein wenig zähmen und es wird Dich ein wenig Mühe kosten. Nachdem Du Dich daran gewöhnt hast, ist es beispielsweise vergleichbar wie mit einem Autofahrer, der sich konzentriert und das Auto dabei automatisch bedient und fährt. Ohne darüber nachzudenken, dass Du fährst, wirst Du Dich unterhalten und zuhören können. Die Hand bei der Arbeit und das Herz bei Deinem Geliebten, wirst Du Deinen Lebens-unterhalt verdienen.

Menschen, die auf dieser Welt viel arbeiten, werden in die andere Welt nichts von ihrem Hab und Gut mitnehmen können. Die einzigen Ausnahmen, die bei ihm als Gewinn bleiben wird und die er mitnehmen wird, sind die

Almosen und die abzugebende soziale Pflichtabgabe (Zekat) gegenüber den Mitmenschen. Wenn Du einen Verstand hast, dann lege ein Teil Deiner Gewinne auf die Bank des Schöpfers an. Lege es auf SEIN Konto an. Unter der Aufsicht der Vertrauenswürdigkeit des Schöpfers wird es nicht weg sein. Das einzig vertrauenswürdige Konto ist dieses Konto, auf beiden Welten haben die Schecks ihre Gültigkeit. Der größte Gewinn für das Angelegte, in der man eins zu tausend bekommt, ist auf diesem Konto. Wenn Du Dir Deines Habes und Gutes sicher sein willst, gib einen Teil Deiner Gewinne ab (soziale Pflichtabgabe). Möchtest Du Dich von den negativen Vorfällen in deinem Leben distanzieren, dem Unheil so schnell wie möglich entfliehen? Möchtest Du, dass Deine Sorgen enden, Deine Gesundheit und Dein Wohlbefinden sich bessern, so gib Almosen. Gib solch einen Betrag an einen Bedürftigen Menschen ab, dass sich das Herz des Bedürftigen Menschen rührt. So, dass dieser Mensch aus ganzem Herzen immerfort den Schöpfer anfleht, zu Ihm betet und dem Schöpfer dankt. Wenn das Almosen seinen rechtmäßigen Platz findet, wird es Heil unserer Sorgen werden. Die negativen Ereignisse und Vorfälle werden sich abwenden. Erledige Du Deine Pflicht, frage Dich nicht: „Warum ist dieses oder jenes nicht passiert?“

Bemühe Dich in allen Deinen Taten, und lasse Sie des Schöpfers willen geschehen.

Liebe die Waisen, gib ihnen das Gefühl, was sie bislang nicht erfahren konnten, gib ihnen die Zuneigung einer Mutter, eines Vaters. Geh in die Heime der Bedürftigen. Suche jemanden, der in einer Ecke vergessen wurde, den niemand mehr sucht und besucht. Frage diesen Armen nach seinem Wohlbefinden und lass ihn erfreuen. Geh in die Krankenhäuser und halte die Hand der Kranken, die niemanden mehr haben und hilf ihnen. Hör Dir ihre Bedürfnisse an und nimm Dich ihrer an, kümmere Dich um sie, soweit es im Rahmen des Machbaren ist, damit Du das Wohlgefallen des Schöpfers erlangst.

Sobald Deine finanzielle Lage es Dir ermöglicht, nach Möglichkeit, bevor Dein Alter fortgeschritten ist, vor allem, wenn Du jung bist, besuche das Haus Allahs in der Wüste. Gelange in die Gegenwart SEINES Gesandten. Der Gesandte Allahs sagte: „Derjenige, der es sich leisten kann, aber nicht zum Hadsch geht, soll sich einen anderen Propheten suchen!“ Besuche das Haus Allahs, fühle das Paradies in der Wüste. Betrachte dort die schönen Geliebten des Schöpfers, damit sich Deine Augen und Dein Herz öffnen. Dann zieh, wie unser Prophet es getan hat, von Mekka nach Medina. Ertrage die Mühen wie er. Im Ramadan hingegen besuche zuerst unseren Propheten. Erst danach gehe mit ihm nach Mekka. Wer den Gesandten Propheten im Ramadan besucht und von dort die Kaaba besucht, wird sein Hadsch mit ihm zusammen vollzogen haben. Der Hadsch ist nicht eine Bewegung in Richtung der Kaaba, sondern eine ewige Bewegung in Richtung Allahs.

Schaue nicht Fehler suchend, dass ich von einem Thema in ein anderes Thema wechsele. Es ist so schön, dem Freund hinterher zu sein, mit dem Herzen von einem Thema zum anderen zu fliegen. Dies sind die aus den Herzen fallenden Tropfen, die Tropfen des göttlichen Wissens (İrfan), sie auf einer Seite auffangen zu können, ist so schön!

Meine Geschwister, Onkels, Tanten, Opas und Omas! Was habt Ihr bis zu eurem jetzigen Alter von dem, was ihr gelebt habt, verstanden? Habt Ihr nicht gesehen, was für eine Lüge dieses Leben ist? Sogar vor Euren Kindern, denen Ihr Euer Leben opfert, ist an Euch keine Wohltat gerichtet. Es ist eine Wahrheit des Lebens, Ihr seid wieder alleine. Bis zu diesem Tag habt Ihr nicht nachgedacht und verstanden, dann wenigstens wendet heute Euer Gesicht dem Pfad des Schöpfers zu. Was auch immer zu Euch kommt, es wird durch SEINE Freundschaft kommen.

Wenn natürlich Euer Verstand, ohne mit dem Glauben beehrt worden zu sein, nicht zu trüb und zerfallen ist, dann sucht Zuflucht bei Eurem Schöpfer, für das Gesehene und die Wahrheit, ohne Euch zu verspäten. Erhofft die Hilfe und die Lösung des Barmherzigen. Sonst werden die Reuen bezüglich Eurer Vergangenheit Euch ruinieren. Diese Reuen werden Euer Verstand drunter und drüber bringen, in dem Ihr auf Euch selbst nicht mehr aufpassen könnt. Lasst es sein, mit den Erinnerungen der Vergangenheit zu leben und Euch aufzuhalten. Auch wenn es spät ist, denkt auch an Eure Zukunft. Bittet um Verzeihung beim Schöpfer und kehrt zurück zu Eurem Erschaffer, wendet Euch IHM zu.

Das Leben geht zu Ende, die Reise naht. Mit viel Aufregung und Lärm ist das Leben wie in einem Augenaufschlag gekommen und geht. Wir wurden geboren, haben die Augen geöffnet, wir sterben und werden der Welt unsere Augen verschließen. Es ist nichts anderes als ein Augenaufschlag. Für dieses kurze Leben verdrängen wir, vernachlässigen wir die Unendlichkeit. Kommt auch, wenn es zu spät ist, lasst uns aufwachen. Lasst uns in der Gegenwart des Schöpfers mit der Niederwerfung beginnen. Lasst uns Yunus Emre an unsere Seite nehmen, indem wir seine Gedichte lesen. Auch wenn es spät ist, komm, lass uns zum Freund gehen, Herz. Die Welt vergeht und ist vergänglich, lassen wir uns nicht täuschen. Lasst uns nicht mit den Träumen der Vergangenheit uns selbst trösten. Lasst uns am Ende nicht alleine bleiben, komm Freund, lass uns gehen, Herz, komm!

Komm, komm bitte.
Suche nicht die Freundschaft in den Geschäften, auf dem Markt.
Die Freundschaft ist in dem Haus dieses Lebenden.
Los! Bleib nicht stehen, komm, komm bitte.
Jetzt, wo noch Zeit da ist.
Entledige Dich von Topf und Krug,
Renne wie verrückt,
Schaue nicht zurück,
Komm, komm bitte,
Wie Du auch bist, komm, komme so.

Halte einen Anfangspunkt fest und schaue nicht zurück. Erstelle eine Situationsanalyse. Suche alle negativen Eigenschaften in Dir. Bist Du zum Beispiel eifersüchtig auf das Hab und Gut anderer und wünschst Dir, dass es weg ist? Kannst Du es nicht ertragen, wenn ein anderer gewinnt? Gefällt es Dir, gelobt zu werden? Hältst Du die

Fehler anderer ihnen vor? Sagst Du es ihnen ins Gesicht? Verdienst Du zu Unrecht, indem Du das Recht eines anderen missbrauchst? Gibst Du das, was Deinen Kindern zusteht, für Dein Vergnügen aus, gibst Du das Geld unbedacht aus? Kämpfst Du gegen den Frieden, indem Du vortäuschst, hinterlistig bist und Dynamit in der Gesellschaft auslegst? Nimmst Du überall, wo Du hingehst, einen Störfaktor mit? Gibst Du mit Deinem Verhalten Deiner Familie einen Grund, unglücklich zu sein? Verdienst Du, ohne zu arbeiten und lässt Dich von Deinem Umfeld aushalten? So wie diese negativen Eigenschaften solltest Du feststellen, welche in Dir enthalten sind. Dann solltest Du so schnell wie möglich mit dem Wunsch, Dich ihnen entledigen zu wollen, den Kampf gegen diese Eigenschaften aufnehmen. Eröffne den Krieg gegen Dich selbst. Die Eigenschaften, die Du nicht herausfinden konntest, versuche diese mit Hilfe von jemandem, den Du als Freund kennst, herauszufinden. Versuche, mit Hilfe seiner Ratschläge, Dich von diesen Parasiten zu befreien und Besitzer eines guten Charakters zu sein. Gereinigt wie klares Glas, sei so rein und durchsichtig. Umhülle Dich mit Geheimnissen und sei auch Du für die anderen ein Spiegel. Jeder, der Dich ansieht, soll sich selbst sehen. Seine Fehler verbessern und Deine Schönheit betrachten. Lies das

Buch, was von Deinem Schöpfer gesandt wurde. Sei gebunden an IHN. Richte Dich nach IHM, lebe IHN, gehöre zu denen, die IHM angehören und sei in den Reihen derer, die mit dem Koran leben.

Wir werden gereinigt von unseren Begierden, von unseren Freuden.
Wir werden gereinigt von unseren Ansichten, in unseren Blicken.
Wir werden gereinigt in unserem Verstand, in unseren Gedanken.
Wir werden gereinigt in unserem Körper.
Wir werden gereinigt in allem, was wir haben.
Aus diesem Grund sage ich, führe dem Süßen nichts Bitteres hinzu.
Aus diesem Grund sage ich, schaue mit Sorgfalt nicht zurück.

In Deinen Gebeten können Fehler sein. Es mag sein, dass Du die Gebote nicht vollständig ausgeführt hast. Hüte Dich davor zu sagen: „So etwas gibt es nicht in der Religion!“ Streite kein Gebot des heiligen Buches ab. Denn sonst wirst Du das Gesamte abgestritten haben. Folge allen Anweisungen, so gut Du kannst, das heißt, versuche

Dein Bestmöglichstes. Vertraue Dich Deinem Erschaffer an, für das, was Du nicht kannst. Erbitte SEINE Vergebung und SEINE Gnade. Es gibt ein Feuer in Deinem Leben, das alles verbrennt und zu nichts werden lässt. Alles, was Du retten kannst, ist Dein Gewinn. Überlasse nicht alles den Flammen, nur weil eine Kleinigkeit verbrannt ist. Bewusst oder unbewusst sagend: „Ich habe einen Fehler gemacht, ich habe eine Sünde begangen", begehe nicht noch größere Sünden. Bereue sie und flehe Deinen Schöpfer an. Entscheide Dich mit Entschlossenheit diesen Fehler nicht noch einmal zu begehen. Lasst uns den Geboten des Schöpfers Folge leisten.

Seien wir dem Schöpfer gegenüber nicht ungehörig, begehen wir den Menschen gegenüber keine Schuld. Lasst uns unsere Triebseele jeden Moment unter Kontrolle halten. Seien wir wach, lasst uns nicht schlafen. Lasst uns nicht zu denjenigen gehören, die den Fehler, nachdem sie ihn machen, bemerken, sondern zu denen, die bevor sie ihn machen, aufwachen und darauf verzichten. Einige merken es nicht einmal, dass sie einen Fehler begangen haben. Diese Menschen sind völlig im Tiefschlaf. Wenn sie jemand darauf hinweist, streiten sie den Fehler ab oder sagen: „Ja, ist das so?", und legen das Thema beiseite. Lasst uns unsere Hände und Hüften kontrollieren, dies ist im übertragenen Sinn und meint Handlungen wie das Benehmen und sexuelle Begierden. Lasst uns zu denen gehören, die nicht nur darüber reden, sondern sich wirklich danach richten. Lasst uns in jede Gesellschaft mit Anstand eintreten. Lasst uns mit Anstand sitzen, ohne einen Anstand wird man kein Mensch. Ohne einen Anstand kann man den Schöpfer nicht finden. Ich hatte gesagt: „Seid jeden Moment wach, um keine Fehler zu machen!" Die einzige Voraussetzung des Wachseins ist, ständig auf sein Herz zu hören. Dein Herz weist Dich, bevor Du einen Fehler machst, darauf hin, es warnt Dich frühzeitig.

Beherrsche Deine Hände, kontrolliere Deine Hände. Halte nicht jede Hand, reiche nicht jedem Deine Hand. Setze Deine Hände nicht für unangebrachte Scherze ein. Beherrsche Deine Zunge, verwende keine Wörter, die Dich in Verlegenheit bringen, hab Deine Zunge unter Kontrolle. Lass keine schlechten Wörter aus Deinem Mund fallen, benutze keine Ausdrücke, beherrsche Deine Zunge. Rede nicht hinter Leuten her, verbreite keine Gerüchte und negativen Äußerungen. Beherrsche Deine Zunge. Triff keine Aussagen, die falsche Gefühle in anderen wecken. Beherrsche Deine Zunge. Folge nicht jedem Reiz des anderen Geschlechtes. Beherrsche Deine Hüften. ANSTAND , YA HU !. Beherrsche Deine Hand, Deine

Zunge, Deinen Rock und Deine Hüften. Beherrsche Deine Augen, vertief Dich nicht in die Augen von jedem, den Du triffst, es wird missverstanden. Es verändert die Absichten negativ. Es erweckt die sexuelle Begierde. Besitze Deine Augen. Hör Dir keine falschen, fehlerhaften Wörter an. Besitze Deine Ohren. Derjenige, der seine Augen und Ohren nicht besitzt, wird die Herzen trüben. Das Herz wird getrübt. Den Pfad der göttlichen Liebe geht man mit Anstand. Mit Vertrauenswürdigkeit, Treue, Hingabe und Fleiß kommt man weiter. Sei nicht verträumt, sei wach. Wo immer Du auch hinblickst, blicke bewusst. Was immer Du auch wünschst, wünsche bewusst. Begehe keine Fehler wegen jemand anderem. Verlasse nicht die Gebote wegen jemand anderem. Schäme Dich nicht vor dem Volk und lass Dich vom Schöpfer abhalten. Egal, wer sich über Dich lustig macht, schäm Dich nicht für Deine Religion und für Deinen Glauben. Sei mindestens so tapfer wie die Menschen ohne Glauben. Schäm Dich nicht für Deinen Glauben. Jemand, der sich für seinen Glauben schämt, ist schlimmer als jemand, der nicht glaubt.

Lies das Leben des Gesandten Allahs und verstehe es. Nimm seine Eigenschaften, sein Verhalten und die Sunna verinnerlichend an und führe sie Dein Leben lang aus. Bewundere die Schönheit seines Charakters und eifere ihm nach. Umhülle Dich mit ihm, beschmücke Dich mit ihm. Der Geliebte des Schöpfers beschmückt, umhüllt keine Blinden und gibt den Gehörlosen keinen Klang weiter. Vergiss dies nicht. Sei nicht der Sklave sexueller Triebe und des Eigennutzes. Arbeite ständig und diene. Denk entschlossen und lebe entschlossen, sei kein Mensch der Depressionen. Hüte Dich vor verbotenem Verdienst und Einkommen (Haram). Erarbeite, was Dir zusteht und esse nur rechtmäßig verdientes und erlaubtes (Halal). Sei stets bemüht, dass Dein Herz mit Allah beschäftigt ist. Habe in jedem Moment Deine Triebseele unter Kontrolle. Achte darauf, dass Dein Benehmen und Dein Handeln das Wohlwollen des Schöpfers hat und zu seinen Geboten passt. Bemühe Dich inständig, Besitzer eines guten Charakters zu sein. Versuche ein Mensch mit sanften Eigenschaften und Benehmen zu sein, hüte Dich vor dem Grob-Sein. Gib die Eile auf und sei achtsam und respektvoll. Sieh nicht auf, sei achtsam und respektvoll. Sieh nicht auf andere herab, sei bescheiden. Verrichte viele Wohltaten, indem Du Almosen verteilst und einen Anteil des Gewinns an Arme und Bedürftige verteilst. Reg Dich bei unvorhergesehenen Geschehnissen nicht auf und bewahre die Ruhe. Du musst lesen und lernen. Aber um das zu besitzen, was Du so gut weißt, musst Du Dich ändern. Trenne das Richtige und Falsche gut und handle gerecht. Es gibt keinen Vorfall, was vor Allah verborgen ist. Hüte Dich davor, heimlich Fehler zu begehen. Suche Deine Absichten diesbezüglich gut aus; habe nur schöne Absichten in Deinem Handeln. Erlerne das Wissen, welches die Wahrheit vermittelt. Erlerne das Wissen des Schöpfers. Verbring Dein Leben nicht mit Dingen, die aus der Vorstellungskraft entsprungen sind.

Dass Dein Vater ein Hadschi ist und Dein Opa ein Heiliger, wird Dich nicht retten können. Wache auf, Du unnützer Verstand, wache auf! Das beste Beispiel gab uns hierfür unser Prophet, indem er zu seiner Tochter sagte: „Oh Fatima! Das Dein Vater ein Prophet ist, wird Dich nicht retten können!" Auch wenn Du das Kind eines Propheten bist, solange Du nicht die Gebote Gottes achtest, umsetzt und Dich von seinen Verboten fernhältst, wirst auch Du Rechenschaft abgeben müssen.

Die Rechenschaft legst Du für einen Teil Deiner Fehler hier auf dieser Welt ab und einen Teil in dem anderen Reich (am Tag des jüngsten Gerichtes). Sage nicht: „Die Ungläubigen verdienen viel besser auf dieser Erde, sie leben viel besser auf der Erde!" Wer auf dieser Welt arbeitet, erhält die Gegenleistung. ER ist der Allerbarmer der aus dem Nichts in das Dasein und von der Bedeutung in die

Gestalt wechselt. ER behandelt alle seine Geschöpfe gleich. ER gibt den Ungläubigen und den Gläubigen den Verdienst für ihre Bemühungen. Der Unterschied ist, dass die Gläubigen geprüft werden und die Ungläubigen ihren Verdienst direkt erhalten. Denn die Belohnung der Gläubigen wird ER auf der anderen Welt geben. Da die Ungläubigen keine Belohnung erhalten werden, leben sie auf dieser Welt, ohne geprüft zu werden.

ER ist der Barmherzige, der von der Gestalt in die Bedeutung, vom Vorhandensein in das Nicht-Sein übertreten lässt. ER ist es, der Dir den Weg zu Deinem Ursprung zeigt, der Dein Verstand öffnet. ER ist der Allerbarmer der Welt der Gestalten. ER ist der Barmherzige der über die Welt der Herzen herrscht. ER ist Allerbarmer, der aus dem Himmel regnen lässt. ER ist der Barmherzige, der aus dem Himmelszelt der Herzen die Tröpfchen seines Wissens herabsteigen lässt. Wenn ein Geschöpf einen Fehler macht, dann beeilt sich Allah nicht, ihm eine Strafe zu geben. ER wartet damit, weil der Erschaffene Reue zeigen und sich von seiner Sünde abkehren könnte, damit ER ihm verzeihen kann. Deswegen werdet nicht traurig und sagt euch: „Warum machen sie diese bösen Dinge und bleiben unbestraft?“ Der Mensch ist ungeduldig und möchte für all das Getane den Gegenzug sofort sehen. Er wird ein Gottesliebender und möchte in kürzester Zeit sich mit dem Geliebten wiedersehen und zu einem Ergebnis gelangen. Obwohl das Wiedersehen und das miteinander Leben keine Absicht trägt. IHM nah zu sein, sich entfernend SEINE Sehnsucht zu leiden und die Sehnsucht des Wiedersehens zu leiden, ist das schönste aller Genüsse.

Du, meine Abschiedsblume,
Erblühe im Herbst meines Herzens.
Damit die Nachtigall entzückt ist.
Reiche mir von meinem Herzensblatt.
Mit Leid gefüllten Kummer,
Reiche mir einen Tropfen Tau,
Damit mein Herz erquickt.
Welch glückselige Liebe!
Ein süßes Lächeln von Dir,
Findet in den Tiefen meiner Seele Wohlbehagen.
Dein Kummer ist auch Freud,
Dein Leid ist auch Freud,
Die Wiedervereinigung, das Wiedersehen ist auch Freud.

Du hast Dich ehrlich und inständig bemüht. Du hast den Weg der göttlichen Liebe gefunden. Du hast eine

Ordnung in Deiner Familie hergestellt. Dein Glauben, Dein Partner, Deine Partnerin, Deine Arbeit haben ihren Platz gefunden. Die Streitereien haben aufgehört, die Kinder fühlen sich wohl und haben ihren Frieden erlangt. Du hast vieles gesehen, Du hast vieles erlebt. Du hast viele Gaben Allahs erlangt. Warum nimmst Du das alles nicht so an, machst ohne Makel weiter? Manchmal gerätst Du aus den Fugen, verfällst in Höhenwahn und beklagst Dich. Du gerätst in die Fängen Deiner Triebseele, Du fällst auf die Spielerei Deiner Triebseele herein. Richtig ist, Deine Triebseele, Dein Nafs, ist nicht beglückt von Deinem Leben ohne Streit und Lärm. Er vermisst die Streitereien der vergangenen Tage. Sei geduldig, wenn Du ein wenig den Weg eingeschlagen hast, wird Dein Schöpfer Dich prüfen. Er wird Dich prüfen, ob von Deinen alten Handlungen noch Reste übrig sind, ob Deine Triebseele gebändigt wurde. Er wird Dich ab und an testen. Sei ja vorsichtig! Lass Dich nicht von den verrückten Winden aus der Vergangenheit mitziehen, mitreißen. Sei wachsam gegenüber den gefährdenden Dingen, die Dich von Deinem Weg abbringen könnten. Geh das Spiel nicht ein. Zerstöre nicht diese aufgebaute Ordnung in einem Moment der Unachtsamkeit. Ruiniere nicht das Aufgebaute. Ansonsten wird alles zugrunde gehen und Du wirst wieder am Anfang stehen. Warum nimmt Deine Nase keine Gerüche wahr? Warum stellst Du Dich den Handlungen, die Dir Schaden zufügen können, nicht mit Entschlossenheit gegenüber? Du hörst Deine Triebseele folgendes sagen: „Was ist denn schon dabei, er will doch nur mein Bestes!“ Du fällst auf sie herein. Du verstehst nicht, wer Freund auf dem Pfad der göttlichen Liebe ist und wer nicht. Sei wach, mein Bruder, meine Schwester, sei wach. Taumele nicht mehr auf zwei Beinen auf dieser Welt, sieh zu, dass Du standhaft bist. Entferne Dich von dem Umfeld, welches Dir die Energie geraubt und Deine Nerven zermürbt hat. Entferne Dich von dem Umfeld, welches Dein Urteilsvermögen über Deine Werte verschwinden lässt, kehre nicht mehr zu ihnen zurück. Alleine kannst Du nichts ausrichten, wenn Du einmal in dieses Feld wieder zurückkehrst. Du wirst diesem nicht standhalten, die Menschen werden Dich negativ verändern, das, was Du gewonnen hast, zu nichts werden lassen, Dich wieder erbärmlich und bedauernswert machen. Zerstöre nicht Deinen Frieden. Nimm eine geduldige Haltung ein, sei geduldig und lebe weiter, um noch bessere Tage erreichen zu können. Schütze Deine spirituellen Werte. Wenn Du immer noch nicht sehen kannst, woher Dir ein Schaden zugefügt werden könnte, triff Deine Vorsichtsmaßnahmen bei jedem Geschehnis, welches Dich zweifeln lässt. Frag einen Freund, befolge seine Ratschläge und richte Dich nach ihm. Wenn Du einen Teil der Ratschläge befolgst und einen anderen Teil nicht, werden die Dinge verworren und Du könntest einen Schaden davon tragen. Die Ergebnisse kannst Du nicht dem Freund in Rechnung stellen, ihn dafür verantwortlich halten. Bei einigen Geschehnissen, die Du beim spirituellen Freund erfragt hast, gibt es auch Zeiten, in denen Du einen kleinen Schaden davon trägst. Sei darüber nicht traurig. Wenn man sich an sein Herz gewandt hat und sich dementsprechend verhalten hat und trotzdem einen Schaden davongetragen hat, dann ist das nichts gegenüber dem Schaden, den man sonst ohne ihn zu fragen davontragen würde.

Wie viele Personen gibt es, die in ihrer Ehe in dem anderen Menschen all das finden, was sie möchten und sich verstehen? Im Allgemeinen verstehen sich die Menschen, weil sie sich verstehen müssen. An alle, die sich nicht verstehen und tagein tagaus mit Zank und Streit sich das Leben zur Hölle machen; lasst uns dieses unangebrachte Verhalten schnellstmöglich verlassen. Verzichten wir auf den Begriff des Idealpartners und versuchen uns mit dem Ehepartner, mit dem wir unser Leben teilen müssen, gut zu verstehen und bemühen uns bei der Umsetzung. Es sieht einfach aus, als Trennungsgrund anzugeben, dass man sich nicht versteht. Aber noch einmal eine Familie zu gründen, noch einmal jemanden zu finden, mit dem man sich versteht, ist nicht so einfach. Wenn es keine großen negativen Vorkommnisse gibt, ist die erste gegründete Ordnung die allerbeste Ordnung. Bemühen wir uns, lasst uns einen Aufwand betreiben und auch von uns selbst aufgeben. Lasst uns nicht das Netz stören und zerstreuen. Nehmen wir von keinem die Verwünschung auf uns, auf eine Verwünschung kann keine zweite Familie gegründet, ein neues Nest aufgebaut werden.

Oh, liebe Mütter und Väter, hört auch Ihr ein wenig auf die kleinen Kinder. Dies will ich mit folgendem Ereignis erläutern:

Die fünfjährige Enkeltochter von unseren Bekanntschaften hat uns zu diesem wichtigen Thema, den Kindern Gehör zu schenken, das folgende Ereignis erleben lassen. Eines Tages waren wir gemeinsam an der Grabstätte eines Heiligen. Nachdem wir unsere Pflicht erfüllt hatten und in der Umgebung ein wenig nun herumgelaufen waren, setzten wir uns an dem Straßenrand auf die Wiese. Dieses schöne Mädchen hatte sich zu mir gesetzt. Irgendwann sagte sie: „Faruk Abi, sieh Dir den Zweig von dem Gewächs an, wie es zittert!“ Ich antwortete ihr: „Der Wind wird es wohl bewegen.“ Sie sagte daraufhin: „Wenn der Wind es schütteln würde, dann würde der Zweig nicht zittern, sondern schaukeln! Außerdem zittern die anderen Zweige nicht, warum aber zittert nur dieser?“ Mit dieser Bemerkung zog sie mich in ein Interessensgebiet, von dem ich mich nicht so einfach befreien konnte und ließ mich allein. Dieses kleine Wesen wurde von ihren älteren Familienangehörigen gefragt: „Warum sagst Du Faruk Abi (älterer Bruder), Du musst Faruk Onkel sagen!“ Trotz mehrmaligen Anforderns antwortete sie: „Womit unterscheide ich mich von Euch, Ihr sagt doch auch Abi!“

Eines Tages sagte sie zu ihrer Tante: „Die ich liebe, liebe ich mit meiner Seele und auch wenn sie fern sind, findet meine Seele sofort ihre Seelen! Die Seelen sind sehr schnell!“. Solch ähnliche Erläuterungen gab sie von sich.

In Bezug auf ein anderes fünfjähriges Mädchen ereignete sich folgendes:

Wir redeten auf der Arbeitsstelle mit einer Bekannten darüber, ob sie ihre Tochter in das Kinderspielparadies in das Atakule-Einkaufszentrum in Ankara gebracht hat. Sie verneinte es. Es verging knapp eine halbe Stunde, da kam das fünfjährige Mädchen mit ihrer Oma zu uns. Nach dem zuvor erfolgten Ratschlag nahm die junge Frau ihre Tochter an die Hand und sie gingen zu diesem Spielparadies. An dem darauf folgenden Tag waren wir zum Abendessen bei ihnen zu Hause. Als wir alle zusammen aßen, sagte das ahnungslose Kind mit Aufregung: „Mein lieber Onkel, das habe ich von Allah für Dich gewonnen!“ Sie gab mir einen blauen Schmuckstein, welches sie im Spielparadies bei einem Greifspiel gewonnen hatte. Ich nahm es an und steckte es in meine Jackentasche. Da äußerte sie: „Nun habe ich Dir alles gegeben, was ich habe. Ich habe alles von mir Dir gegeben. Ich habe alle Deine Taschen gefüllt!“, und brachte uns alle mit ihren Äußerungen in Verwunderung.

Lasst uns hier über dieses Thema nachdenken und zu dem Geheimnis des Redens, ohne zu wissen, gelangen. Wer weiß, wie viele Kinder es noch gibt, die solche Sachen erzählen. Dieser Zustand ist auch manchmal bei den Erwachsenen zu beobachten. Sie sagen etwas, ohne es zu wissen und fragen sich danach: „Warum habe ich dies jetzt so gesagt?“ Esrefoğlu Rumi HZ. hat die Bedeutung dessen folgendermaßen erläutert: „Seit über 30 Jahren sprach ich mit dem Antlitz Gottes, dem Schöpfer, und das Volk dachte, ich würde mit ihnen sprechen!“ Die spirituellen Gottesgespräche, sind ebenfalls so. Viele der geistigen Größen teilen mit, dass sie während des Gottesgespräches das, was sie erzählen, selbst erst dort erfahren Sie erläutern diesen Zustand wie folgt: „Das, was ich nicht wusste, habe ich wieder über die Worte, die aus meinem Mund kamen, gelernt!“

Erwache, erwache für die geistigen Genüsse! Damit Du ein Abhängiger geistiger Genüsse wirst, steige in das Fass der göttlichen Liebe, färbe Dich mit ihrer Farbe. Wer von dem Wein der göttlichen Liebe einmal getrunken hat und in den glückseligen Zustand kam, wird ein Leben lang abhängig von den geistigen Genüssen bleiben. Sogar in weltlichen Genüssen wird er geistige Genüsse wahrnehmen.

So, wie der Mensch auf dieser Erde für seine Handlungen verantwortlich dafür ist, so ist er auch dafür verantwortlich, ein gutes, reines Kind zu erziehen. Er ist verantwortlich für die nächsten Generationen. Alle Väter, die Alkohol und Drogen konsumieren, die durch Seitensprünge sich mit unterschiedlichen übertragbaren Krankheiten infiziert haben, diese Väter werden dafür verantwortlich sein, dass sie ihren Kindern und den darauf folgenden Generationen, bevor sie auf die Welt gekommen sind, auf genetischem Weg Leid zugefügt haben. Ja, der Vater geht und hat Geschlechtsverkehr mit einer fremden Frau, die Syphilis hat und zu Hause hat er Geschlechtsverkehr mit seiner Ehefrau, die er auch ansteckt. Er wird der Grund sein, dass von seinem Nachkommen und den nächsten Generationen die Kinder mit der Syphilis Krankheit zur Welt kommen und behindert bleiben. Nichts wissend von alledem, dass man hätte gesund auf die Welt kommen können, wird für die Menschen, die behindert auf die Welt kommen, das Leben bereits bei der Geburt zerstört sein. Sicherlich wird vor dem Schöpfer die Rechnung hierfür der Verantwortliche tragen müssen.

Ihr Mütter, schützt das Kind in eurem Bauch. Achtet auf das, was Ihr isst und trinkt. Passt sogar darauf auf, was Ihr anschaut, was Ihr im Umfeld beobachtet, damit Euer

Kind gesund ist. Ruiniert nicht Eure Genetik für die Triebseele, fügt Euren Kindern keine Behinderungen zu. Dies ist ein Vergehen an der Menschheit. Wir hoffen, dass die Menschenrechtsvereine aufwachen und sich mit diesem Thema befassen. Die Mütter, Väter, Opas, die Älteren machen Fehler und die Kinder bleiben behindert. Nachher werden auch die Enkel den Schmerz einer Behindegerung erleiden. „Warum bin ich behindert auf die Welt gekommen?“, werden sie sich fragen und den Schöpfer beschuldigen. Von der Behinderung an Eurem Körper bis hin zu der Erinnerung, und dem Glanz des Verstandes bleibt man unter dem Einfluss der genetischen Informationen. So wie der Mensch verantwortlich für diesen Tag ist, ist er auch verantwortlich für die Zukunft der nächsten Generationen. Kommt, lasst uns sauber bleiben, lasst uns nicht die Zukunft der Menschheit zerstören. Hinterlassen wir unseren Kindern eine saubere Welt und der Welt eine saubere Generation. Wir sind als Menschen gekommen und gehen. Lasst uns weder die Welt beschmutzen, noch die kommenden Generationen zerstören.

Wenn Ihr Eure Kinder erzieht, bringt ihnen bei, respektvoll und anständig zu sein. Sonst werden sie Euch später nicht respektieren. Die Erziehung der Kinder erfolgt in den jungen Jahren. So wie unsere Ahnen sagten:

„Der Baum lässt sich nur biegen, wenn er nass ist!". Nur was frisch und jung ist, ist formbar. Wenn ihr euch bei diesem Thema etwas verspätet, dann wird sich ein unausgeglichenes Wesen herausgebildet haben und es wird nicht mehr auf Euch hören. Aber wenn ihr ein Ungeheuer großzieht, dann wird er erst Euch zerfetzen und anschließend der Gesellschaft Schaden zufügen. Bringt Euren Kindern folgendes sehr gut bei: Keine schlechte Tat wird unbestraft bleiben. Ein respektvoller Mensch wird Respekt von anderen erfahren. Ohne Verständnis zu erwarten, sollte man verständnisvoll sein. Erzieht Kinder, die nützlich für ihre Familie und die Gesellschaft sind. Ihr werdet auch verantwortlich für das Leben eurer Kinder sein. Für schlechte und negative Taten der Kinder werden auch Väter und die Mütter vor ihrem Schöpfer stehen und ihren Anteil bekommen. Das Nutzen der Kinder, die Wohltätiges tun, wird auch groß sein.

Wenn einer von beiden, Mutter oder Vater, das Kind zu erziehen versucht, soll der andere nichts einwenden. Seid Euren Kindern gute Vorbilder. In ihrer Gegenwart diskutiert nicht aus und streitet euch nicht. Verfolgt gemeinsam die Regeln, die von den Kindern eingehalten werden sollen. Habt keine unterschiedlichen Vorgehensweisen. Lasst sie nicht im Ungewissen oder im Zweifel.

Erzählt vom Schöpfer in einer Sprache, die es verstehen kann und sorgt dafür, dass in diesem sauberen, reinen Herzen der Glaube an Allah sich verfestigt. Sorgt dafür, dass der Glaube sich im Herzen platziert, damit es, wenn es groß ist, Vater und Mutter schätzt und gegen Ungerechtigkeit ist, dass es sich vor Allah geniert, vor Allah Respekt hat und an die Rechenschaft glaubt.

Eines Tages besuchte ich eine kranke Frau, die im Bett mit dem Tod rang. Sie litt unbeschreibliche Schmerzen. In einem Augenblick war sie in einem Zustand, als würde ihre Seele den Körper verlassen können. Dann aber kam ein Gelächter aus dem Nebenzimmer, erstaunt blickte ich die Personen im Haus an und fragte: „Was ist das? Was passiert dort?" Sie antworteten: „Die Kinder, sie amüsieren sich mit ihren Freunden!" In dem Augenblick bemerkte ich, wie mir die mit Schmerz erfüllte Frau in die Augen blickte. Es war ein Blick voller Leid, der sie alle anderen Schmerzen vergessen ließ. Dies war der Schmerz, der ihr durch das Lachen ihrer Kinder, ohne dabei ein schlechtes Gewissen zu haben, gegeben wurde. Das sind die Kinder, für die sie ihren Schlaf verlassen hatte, jahrelang selbst nicht gegessen und den Kindern gegeben hatte. Aber kann jemand, der keinen Glauben hat, ein Gewissen haben?

Wie entwickelt sich das Mitgefühl? Nach den Wertvorstellungen der Gesellschaft? Das ist in jeder Gesellschaft, in jedem Umfeld unterschiedlich ausgeprägt. Einige Menschen, die nicht an den Schöpfer glauben und übertragbare Krankheiten in sich tragen, erleichtern ihr Gewissen, indem sie die Krankheit auf andere übertragen. Wer nicht daran glaubt, eines Tages für sein Verhalten Rechenschaft abzulegen, dessen Gewissen wird bereit sein, jede negative Handlung problemlos auszuführen.

Du, mein junger Bruder, meine Schwester, höre gut auf Deinen Vater und Deine Mutter, die sich auf das Leben vorbereiten. Bereichere Dich über ihre Erfahrungen. Denn jede Erfahrung hat seine Bürde. Durchlebe nicht erneut die Schwierigkeiten und Anstrengungen. Mit leichten Vorkehrungsmaßnahmen, die Du triffst, schützt Du Dich davor, einen großen Schaden davonzutragen. Hör auf die Lebensweisheiten der älteren Menschen. Höre auf sie, bis Du zu mindestens einen Universitätsabschluss erlangst, kämpfe nicht gegen sie an. Ansonsten erschwerst Du ihre Arbeit und verhinderst, dass sie Dir die notwendige Unterstützung geben. Am Ende wirst Du sonst verlieren und Du wirst der Leidtragende sein. Hör auf sie und profitiere von ihren Erfahrungen. Der junge Mensch, der in der Verständigung mit seiner Mutter und seinem Vater sich auf die Zukunft vorbereitet, wird keine schmerzhaften Erfahrungen machen. Dieser Mensch bereichert sich an den schwer erworbenen Erfahrungen. Der Glaube eines jungen Menschen, der nicht an seine Mutter und seinen Vater glaubt, wird seinen Glauben an den Schöpfer auch abschwächen. Dies muss ein wenig überdacht und erläutert werden. Wäge die finanziellen Möglichkeiten der Familie gut ab. Erbitte keine Dinge von den Älteren, die sie Dir nicht erbringen können. Übe keinen Druck aus. Wenn das von Dir Gewollte nicht geleistet wird, dann haben sie entweder nicht die Möglichkeit oder es ist für Dich schädlich. Da Du keine Lebenserfahrung hast, kannst Du es nicht sehen. Denk nicht, dass Du alles gesehen und verstanden hast. In diesen jungen Jahren kommt Dir das so vor. Du denkst, dass Du alles einfach erreichen wirst und Dein Blickwinkel der Richtige ist. Du schenkst den Ratschlägen der Älteren nicht so viel Beachtung, Du legst nicht so viel Wert darauf. Wenn die Tage fortschreiten und sie im Recht sind, beschuldigst Du sie trotzdem, indem Du sagst: „Warum habt ihr mich nicht aufgehalten!" Natürlich nur dann, wenn die Rechnung für Deine Tat nicht so hoch ist und Du am Leben bleibst. Manche junge Menschen werden aus Trotz Opfer von Autounfällen oder Drogenkonsum und haben nicht einmal mehr die Möglichkeit, diese Wörter zu verschwenden. Bitte beachte die Ratschläge der Älteren, ansonsten werden Feinde, die sich wie Freunde ausgeben, mit Deinem Leben spielen.

Du, junger Freund, der das Leben noch nicht kennt, wisse das gut zu schätzen, was Du in der Hand hast. Deine Eltern stehen Dir bei, soweit es ihnen möglich ist, versuchen Dir alles zu ermöglichen. Dich studieren zu lassen und Deine Zukunft zu retten, ist ihre größte Aufwendung. Du hingegen blickst auf die Werte auf, die Du nicht erreichen kannst, was Dich nicht glücklich macht. Immer schaust Du herauf. Es gibt andere junge Leute, die die Möglichkeiten, wie Sie Dir gegeben sind, nicht einmal erträumen können. Es gibt junge Menschen, die mit Hilfe anderer versuchen zu studieren oder die Schule zu besuchen. Sie haben Hunger, haben nichts zum Anziehen. Hast Du schon mal über diese Menschen nachgedacht?

Ein junges Mädchen, das an einer Universität studierte, wachte von einem Geräusch, nachts im Studentenwohnheim auf. Sie bemerkte, dass das Mädchen im Nebenbett weinte. Als sie dann den Grund ihres Weinens fragte, antwortete das Mädchen, dass sie Hunger habe und wegen des Hungergefühls nicht einschlafen könne. Dies tat dem jungen Mädchen im Herzen weh. So gut es ging, im Rahmen ihrer Möglichkeiten, wurde sie zum Heil ihrer

Sorgen.

Indem Du auch solche bedürftigen, anständigen Menschen kennenlernst, kannst Du das wahre Leben kennenlernen. Versuche die Situation Deiner Familie zu verstehen, die versucht, Dir alles zu ermöglichen. Keine Mutter, kein Vater würde dem Kind etwas vorenthalten, wenn sie die Möglichkeit hätten. Weißt Du, wer ein guter Mensch ist? Derjenige, der sich schon in seiner Jugend an die Stelle seiner Eltern versetzt und nachdenkt. Der sich vornimmt, seine Kinder, soweit es ihm möglich ist, zu unterstützen und sich auf diese Zukunft vorbereitet. Wenn man in den jungen Jahren sich an die Stelle von anderen versetzen kann und mit seinen Erwartungen gemäßigt umgeht, der ist auf dem Weg der Reife. Ein gutes Kind ist jemand, der sich unendlich über die Erfolge seiner Eltern freut und stolz auf sie ist.

Wenn Du Dir einige sehr schlechte Gewohnheiten angeeignet haben solltest, stärke Deinen Willen und versuche Dich mit guten Handlungen von ihnen zu befreien. Beschmutze Dich ja nicht selbst. Sei nicht neugierig auf Zigaretten und Alkohol. Das schlimmste Unheil, das einem Menschen widerfährt, geschieht aufgrund falsch ausgesuchter Freunde, weil diese den Menschen zu falschen Dingen auffordern und aus unnötiger Neugier ermutigen.

Dir stehen alle Türen offen. Alle Möglichkeiten werden Dir geboten, warum suchst Du Dir Sorgen und bringst Deine Zukunft in Gefahr? Du bist durch einfache Dinge bekümmert und erwartest die Hilfe durch Zigaretten und Alkohol. Du fällst in die Fallen falscher Freunde. Warum erwartest Du nicht die Hilfe von Deinem Schöpfer, der Dich aus dem Nichts sein werden ließ und der einzige Eigentümer von Stärke und Macht ist, der über alles bestimmt. Warum verrichtest Du nicht die rituelle Waschung und vertraust Dich ihm an, indem Du die Niederwerfung ausführst? Du wirst Opfer der schrägen Anforderungen der Gesellschaft und suchst die Lösung in Zigaretten und Alkohol. Wenn Du an niemanden denkst, so denk an Dein eigenes Leben, gib Dein Leben nicht auf, habe Mitleid mit Deinem Leben.

Eine junge Frau verliebte sich in ihrer Studienzeit in einen jungen Mann und sie freundeten sich an. Nachdem dieser junge Mann das Mädchen erst richtig an sich gebunden hatte, verführte er sie zum Drogenkonsum. Sie wurde drogenabhängig. Keiner in der Familie ahnte etwas. Eines Tages teilte der junge Mann die junge Frau mit seinen Freunden. Man konnte nicht mehr auseinander halten, wer mit wem zusammen war. An einem anderen Tag sagte er zu der jungen Frau, dass sie aus einer Wohnung ein Paket abholen soll, doch Allah erbarmte sich ihr, sodass die Fahndungspolizei vor ihr da war. Die junge Frau wäre fast ein Drogenkurier geworden, ohne dass sie es bemerkt hätte. Somit entkam sie im letzten Moment einer jahrelangen Gefängnisstrafe davon. Nicht jedes Mal und nicht mit jedem wird die Vorsehung (Kismet) es gut meinen. Es wird nicht für jeden so einfach sein, am Rande des Abgrundes so einfach umzukehren. Wache auf, Du junger Mensch, wache auf! Sonst wird Schlechtes um Dich geschehen, lehne Dich an die Kraft, die Dich erschaffen hat.

Ein Freund von einem Schüler näherte sich ihm mit den Vorstellungen, wie man leicht und schnell Geld verdienen könnte. Er nahm ihn mit in die Spielcasinos und machte ihn abhängig von Alkohol. Als sie dann später kein Geld mehr hatten, nahm er ihn mit, um mit ihm einen Taxifahrer auszurauben. Als sie loslegen wollten, kam es zu einem Polizeieinsatz, sie wurden festgenommen und verhört. Somit wurde der Schüler vorbestraft und hatte einen Fleck auf seiner Weste. Er ist klüger geworden, aber er ist durch diesen Vorfall krank geworden. Im Augenblick versucht er auf ehrliche Art und Weise sein Leben zu gestalten.

Eine Studentin wurde ebenfalls in ihrer Studienzeit von ihrem Freundeskreis aus der Uni ständig aufgefordert, mit ihnen in eine Bar zu gehen. Jedes Mal, wenn sie die junge Frau trafen, fragte die Gruppe, ob sie nicht mitgehen wolle. Mit dem Einfluss und der Stärke ihrer Erziehung blieb die junge Frau standhaft. Sie erläuterte, warum sie nicht an solch einen Ort mitgehen könne. Nach geraumer Zeit wurde eine Razzia in der benannten Bar durchgeführt. Die Gruppe ihrer Freunde aus der Universität wurden auch durchsucht. Bei zwei von ihnen fand man betäubende Pillen und sie gestanden, von diesen Pillen abhängig zu sein. Auch dieses junge Mädchen entkam dem Abgrund. Sie machte auch am Rande des Abgrundes eine Umkehr und entfernte sich von diesem Freundeskreis. Im Augenblick bereitet sie sich mit Aufregung darauf vor, ihr Studium abzuschließen. Es ist möglich, diese Liste an Beispielen fortzuführen und sie an Euch weiterzugeben, jedoch bin ich der Meinung, dass es für diejenigen, die verstehen, ausreichend genug Beispiele sind.

Leider haben wir auch traurige Gegebenheiten, die die Kinder von Heiligen und Auserwählten betreffen. Die Kinder von den Heiligen verfielen ebenfalls in den Sog des falschen Lebenswandels und es fanden schmerzhafte Fehler statt. Eines der bedeutsamen Beispiele ist der Sohn von Mevlana, der ein Feind von Şemsi Tebrizi war. Weder hat er Şems kennerlernen können, noch seinen Vater verstanden. Anstatt, so wie sein Bruder Sultan Veled den Weg seine Vaters einzuschlagen und ein spiritueller Sultan zu werden, wurde er Opfer von Hass und Feindschaft. Er schloss sich denen an, die es auf das Leben von Şems abgesehen hatten.

Wenn Du auch ein Kind oder ein naher Verwandter eines Gottesliebenden bist, sei achtsam und lass Dich nicht von seiner Nähe zu Dir und seinem weltlichen Handeln täuschen. Erblinde nicht. Denk wenigstens darüber nach, warum der Erschaffer so viele Menschen um ihn herum versammelt hat. Denk darüber nach. Was geschieht mit den Menschen um ihn herum? Sie wie Sie schöner werden, indem Sie sich nach und nach verändern! Beobachte ihn. Finde heraus, wie zerbrochene Ehen oder Familien wieder zusammenfinden. Allah lässt SEIN von IHM geliebtes Geschöpf als Vermittler von Guten agieren, verstehe dies. Sage ja nicht: „Weil alle anderen weit weg von ihm sind, glauben sie an ihn, ich kenne ihn gut, er ist nicht so wie die anderen ihn in ihren Augen größer machen!" Er ist sowieso Nichts! Mit dem Weltlichen (seiner Hülle) könnte er diese Dienste nicht erbringen. Nur, wenn der allmächtige Schöpfer es erlaubt, wenn ER ihm eingibt, dann wird er aus dem Herzen hören, aus dem Herzen wünschen. Das, was er will, wird bei dem Schöpfer nicht abgewiesen. Denn letztendlich sind alle Geschehnisse, die über ihn ersichtlich sind, die Wünsche des Schöpfers. Es gibt nichts, was er mit seiner Triebseele, Nafs, verrichtet. Zum Beispiel, wenn er sich täuscht und sich aufregt, wird er ein Hilfe suchender Diener sein, der keine Lösungen hat. Er wird seinen Schöpfer anflehen und um Kraft bitten. Sich von dem Einfluss des Nafs befreiend wird er zum Schöpfer gelangen. Dann werden seine Wünsche, die Wünsche des Schöpfers und die Angelegenheiten werden leichter. Lerne sie so kennen und versuche sie so zu verstehen. Versuche zu den glücklichen Menschen zu gehören, die ihr Ziel von beiden Seiten erreichen. Dieses Glück wird Dir zuteil, wenn Du von seinen Nachkommen bist und seinen Weg gehst. Vergiss nicht, die Angelegenheit ist nicht so einfach, aber aus den schwierigsten Vorkommen entspringen die wertvollsten Ergebnisse.

Möge der erhabene Schöpfer Deinen Weg erleichtern. Wenn Du IHN kennen willst, befreunde Dich mit SEINEN Freunden an. Befreie Dich von der Blindheit, die durch die Nähe zu ihm entsteht. Lerne, wie ER mit seinen Herzensfreunden den seelischen Handel vollzieht. Sei einer von ihnen. Versuche mehr als SEIN Kind auf dieser Erde zu sein, versuche SEIN spirituelles Kind zu werden.

Nachdem Du die Position erlangt hast, sein spirituelles Kind zu werden, ist es kein Hindernis, wenn es Dir einfällt, dass Du sein weltliches Kind bist. Dann wird es schöner und wertvoller sein. Die Freuden, ein Nachkommen unseres Propheten zu sein, werden aus diesen sich widerspiegeln, die diese Eigenschaft erlangt haben. Möge Allah Dich bewahren, wenn Du sein Nachkommen bist, aber nicht auf seinem Pfad gehst. Dann wirst Du vielleicht Dein weltliches Erbe erhalten, aber Dein Erbe auf geistiger Ebene wird Dir entzogen werden.

Erwache, erwache aus den geistigen Genüssen! Damit Du ein Abhängiger geistiger Genüsse wirst, steige in das Fass der göttlichen Liebe, färbe Dich mit ihrer Farbe. Wer von dem Wein der göttlichen Liebe einmal getrunken hat und in den glückseligen Zustand kam, wird ein Leben lang abhängig von den geistigen Genüssen bleiben. Sogar in weltlichen Genüssen wird er geistige Genüsse wahrnehmen. Wie es in einem Lied mitgeteilt wird, wer sich die Sorgen zum Genuss macht, der sucht kein anderes Glück und auch keine Freude.

Oh Du, der keine Information, kein Wissen über Deine eigenen Herzensgenüsse hast! Würdest Du die Herzensgenüsse kennen, dann würdest Du nicht gefangen sein von den weltlichen Genüssen. Der Mensch will die Genüsse, die er kennt. Er bevorzugt nicht die Genüsse der geistigen Ebene. Du bist neugierig auf alles und probierst alles aus? Warum informierst Du Dich nicht über die geistigen Genüsse und probierst diese aus? Würdest Du Dich trennen können, wenn Du einmal zum Geschmack dessen kommst?

Finde einen Freund Gottes und gelange in die Weinstube der göttlichen Liebe. Das Fass des göttlichen Weins ist in den Händen der Geliebten, der Auserwählten Allahs. Man geht zu ihnen mit Anstand. Wenn er sich gerade unterhält, setzt man sich leise an eine Seite. Man stört nicht die Anwesenheit. Man grüßt nicht einmal laut. Erst wenn die Unterhaltung beendet ist und er die Geste zeigt, sich um die Kommenden kümmern zu können, sieht man sich persönlich, spricht miteinander auf eine respektvolle Art und Weise. Wenn er fragt, wie es Dir geht, antwortet man dankend. Man stellt keine unnötigen Fragen und redet nicht mit lauter, erhobener Stimme. Der Freund des Schöpfers, bedeutet Freund des Herzens. Er trägt die Bedeutung „Der, der die Herzen kennt“. Also stellst Du Deine Fragen mit dem Herzen. Die Antwort erhältst Du von den Erläuterungen, Darlegungen, die er allen unterbreitet. Ohne, dass Du den Anstand und die Anwesenheit störst (gegenwärtigen), kannst Du, wenn er es Dir genehmigt, Dich von der Anwesenheit entfernen. Du gehst mit Deinem Wunsch und kehrst zurück mit seinem Wunsch. Wenn es einen dringenden Grund gibt, kannst Du leise um Erlaubnis fragen und Dich entfernen.

Erwarte nicht in der Gegenwart des Freundes Gottes, dass man Dich lobt, Dir Komplimente macht, Dir Zuneigung schenkt. Man redet, wenn er es gestattet, wenn nicht, darf man nicht unnötig reden. Man erbittet keine Gebete für belanglose Dinge und Angelegenheiten. Man erwidert nicht, wenn er etwas sagt. Man nimmt die ersten Ratschläge an, die aus seinem Mund kommen. Man bemüht sich nicht darum, ihn Dinge sagen zu lassen, die man selber hören möchte. Er wird Dich auch manchmal mit seinen Handlungen prüfen. Auch wenn man hundert Mal von der Tür abgewiesen wird, ohne eingeschnappt zu sein, ohne ein gebranntes Herz zu haben, sollte man zu einem passenden Zeitpunkt erneut hingehen. Die auf geistiger Ebene anerkannteste Art und Weise eines Besuches ist, wenn Du denjenigen, den Du besuchst, nicht sehen konntest und zurückkehrst. Dieses Besuchen ist wie das Besuchen von Veysel Karani. Er ist auch aus Yemen losgegangen, über Wüsten und Berge gelaufen. Er kam zu dem Haus des Propheten, der Gesandte Allahs war nicht zu Hause und so kehrte er zurück, ohne ihn gesehen zu haben. An die Tür des Freundes Gottes geht man des Schöpfers wegen. Man fragt beim Freund Gottes nach dem Schöpfer.

Die Freunde Gottes prüfen die Person von Zeit zu Zeit, wenn Du eitel bist, stellt er Dich bloß vor den anderen. Um Deine Zugehörigkeit, Treue zu messen, weist er Dich von der Tür zurück. Wenn Du geizig bist, bringt er Dir bei, den Menschen gegenüber spendierfreudig zu sein. Am Ende sagen sie: „ Vertraue nicht Deinen Augen, vertraue uns!" Jeden Tag versuchen unterschiedliche Menschen den Freund Gottes ihre eigene Sichtweise aufzuerlegen und möchten ihre eigenen Wünsche aussprechen lassen. Die Freunde Gottes tun dann so, als wenn sie wollend bestätigen würden. Aber der eigentlich Getäuschte ist der Täuschende selbst. Bei keinem Thema sollte man Wetten oder Behauptungen aufstellen, denn sie werden Dir sagen, dass Du im Unrecht bist und sich zurückziehen und Dich mit Deiner Wette, Deiner Behauptung alleine lassen. Sie kümmern sich nicht darum und steigen in Diskussionen ein. In Ihrer Anwesenheit stellt man keine Fragen und diejenigen, die keine Fragen stellen, hören das, was sie brauchen.

Diejenigen, die sich mit den Freunden Gottes befreunden, müssen sich ihnen anpassen. Leider, erwarten alle, dass die Freunde Gottes sich ihnen anpassen, das ist eine unmögliche Sache. Wie soll er sich jedem von Euch einzeln anpassen? Wenn ihr alle Euch ihm anpasst, ihm folgt, das ist der richtige Weg. Wenn er sich Euch anpasst, wird er zugrunde gehen und ihr werdet ebenfalls zu Grunde gehen. Versucht aus diesem Grund nicht, Wege zu finden damit er sich Euch anpasst. Ermüdet ihn nicht. Er ist ein Reisender auf dem Pfad des Schöpfers. Er geht von einem Ziel zum Nächsten. Wenn Ihr einen Verstand habt, dann schließt Euch ihm an, lauft ihm hinterher, sucht seine Spuren. Euer Weg wird entweder Yunus Emre oder Mevlana finden. Vielleicht werden auch viele andere ehrenhafte Heilige vorbeikommen. Hütet Euch vor denen, die Euch den Weg versperren. Bleibt denen fern, die ihre Zeit mit Spielen und Vergnügungen vergeuden. Verbringt keine Zeit umsonst, macht etwas Förderliches. Entweder etwas Förderliches für Euch oder für die Menschheit.

Weder Du kannst Dich dem Freund Gottes anpassen, noch er kann sich Dir anpassen. Wann wirst Du Dich davon befreien, ein Sklave Deiner Triebseele (körperlichen Genüsse), zu sein und den Pfad des Schöpfers begehen und nicht mehr umkehren? Am besten Unterlasse es, Deinen Verstand für die Wünsche und Begierden Deiner Triebseele zu nutzen. Höre auf die Stimme, der Eingebung, richte Dich nach ihr. Dann wird Dein Weg die

Wahrheit, dann werden wir Weggefährten. Dann werden wir das, was wir auf dem Weg erfahren, geheim halten und zusammen Geheimnisträger sein. Diese Reise ist sehr lang und wird ein Leben dauern. Am Ende ziehst Du die Weste des Lebens aus und tauchst in eine andere Sphäre, in die Tiefe. Deine Kerze des Lebens wird erlöschen und Du wirst eine Sonne. Du wirst weder von den Jungfrauen im Paradies, noch von dem Pförtner der Hölle befangen sein. Derjenige der eins mit dem Schöpfer ist, findet seinen Ursprung. Mit dem Schöpfer gelangst du zum Schöpfer und wirst eins mit IHM.

Du glaubst, dass sich der Freund Gottes sich Gründe ausdenkt, um Dich auf seinen Weg zu bringen. Es ist richtig, er ist sicher ein Meister darin, Gründe zu erfinden. Dann geh doch aus freiem Willen als Fang in die Fallen, die er aus irgendeinem Grund erfunden hat. Dann sei doch ein Fang und überlasse alles dem Willen des Jägers. Ohne, dass man sich letztendlich an ein Spiel setzt und alles verliert, wie kann man da ohne Fang zu sein, den Geliebten gewinnen?

Belasse es dabei, denk nicht darüber nach, wie der Freund handelt, was seine Ziele sind und sei lieber damit beschäftigt, woher er Dich genommen hat und wohin er Dich bringt. Erst dann wirst Du richtig bewertet haben, erst dann wirst Du Deinen richtigen Wertemaßstab gefunden haben. Denn es ist nicht möglich zu verstehen, wieso er so oder anders handelt. Nimm einfach an, er musste sich Dir gegenüber so verhalten. Fällt es Dir so schwer, dies zu verstehen und zu begreifen? Dein bester Gedanke, ob es Deinem Verstand passt oder nicht passt, sollte sein, woher Dich der Freund Gottes und seine Beziehung zu ihm geholt haben und wohin er Dich bringt. Wenn Du das aber nicht sehen kannst und versuchst dies abzustreiten, wirst Du auch den erlangten Zustand verlieren und wieder zu Deinem alten Zustand zurückkehren. Befolgst Du komplett die Ratschläge des Freundes? Bist Du Deinem Versprechen treu? Machst Du die Dinge, die Du verrichten sollst, ohne Mängel? Du kannst Dich an keinem Deiner Versprechen halten und erwartest, dass er sein Versprechen hält? Dann erbringe das, was Du schaffen kannst und richte Dich nach den Umständen Deines Zustandes. Wenn Du einen Verstand hast, mach nicht den Freund Gottes für die Dinge verantwortlich, die Du erwartest, aber nicht gefunden hast. Das Umfeld verändert einen Menschen. Entferne Dich ja nicht von der guten Umgebung und nähere Dich nicht dem Umfeld, in der Eigennutz und übles Nachreden waltet. Ich habe Angst, dass Dein Wertemaßstab, Deine Werte sich wieder verändern und bevor Du eine geistige Reife erlangt hast, Du wieder dieser ungewollten Umgebung zugehörig bist. Finde heraus, nach welchen Prinzipien Du sein solltest oder leben solltest und halte an ihnen fest, bleibe diesem Leben treu.

Deine Absichten sind rein, Du bist belesen, Du hast vieles gesehen, aber Du bist nicht vorsichtig. Alles, was Dir zugestoßen ist, ist aus diesem Grund passiert. Ohne die Menschen besser zu kennen, stehst Du ihnen zu nah. Du handelst, ohne zu berechnen, welche Ergebnisse Dir diese Beziehung bringen wird. Du hast gute Absichten, aber Du kennst nicht die Absichten Deines Gegenübers. Du glaubst alles, was er sagt und lässt Dich durch Wörter beeindrucken. Berechne diese schwachen Punkte, die Du in dieser Richtung hast und vergiss nicht, vorher Vorsichtsmaßnahmen zu treffen. Berechne die Ergebnisse jeder Angelegenheit am Anfang. Arbeite und sei ein Könner dieses Werkes. Sei ein unabdingbarer Mitarbeiter in Deinem Arbeitsumfeld. Erarbeite Dir als ein unabdingbarer Mitarbeiter Deinen Anteil und vertraue in Deinen Schöpfer, der Dir Deinen Anteil zukommen lässt. Erwecke keine unerwünschten Gefühle beim anderen Geschlecht, indem Du auf der Arbeit oder woanders alleine mit jemandem in einem Raum bist, oder Zeit verbringst. Es reicht nicht aus, wenn Deine Absichten gut sind, betrübe nicht unbewusst die Absichten anderer. Auch wenn sie sich über Dich belustigen oder auf Dich herabsehen, bleibe entschlossen. Trenne Dich auf gar keinen Fall von Deinen Prinzipien, aus Schamgefühl oder um es anderen Recht zu machen. Auch wenn die Absicht Deines Gegenübers gut sein sollte, wenn das Feuer und der Zündstoff sich zu sehr nähern, glaube nicht, dass es über eine lange Dauer ruhig bleiben wird.

Lasst uns auf dem Weg des Schöpfers in der Sicherheit des Schöpfers laufen. Lasst uns an Yunus Emre, Mevlana und alle Freunden Allahs erinnern. Lasst uns ihretwegen zum Schöpfer gelangen.

Bevor Du andere kennenlernst, lerne Dich selbst kennen. Triff Vorkehrungen über Dich selbst. Bevor Du Dich von anderen täuschen lässt, lasse Dich nicht von Dir selbst täuschen. Gehe nirgendwo hin, tue nicht einen Schritt, ohne das Ergebnis berechnet zu haben. So wirst Du verhindern, dass ungewollte Ereignisse geschehen, Du wirst hierfür kein Umfeld schaffen. Zeige dem Bedürftigen Dein Mitgefühl. Erkenne die Vortäuschenden und verschwende nicht unnötig Deine schönen Gefühle. Sei kein Bedürftiger, arbeite viel und erbitte Deinen Anteil vom Schöpfer. Vergreife Dich nicht zu Unrecht am Anteil anderer, lasse sie eher Deinen Anteil erhalten, aber nimm Du keinen Anteil eines anderen. Sei ehrlich und verhalte Dich angemessen. Erscheine sympathisch, verhalte Dich nicht anziehend. Ich habe Dir das Schwimmen beigebracht. Nun schwimm in das Meer, aber schwimm nicht so weit hinaus, dass Du nicht mehr zurückkommen kannst.

Oh, Du Reisender in der göttlichen Liebe! Wenn Dein geistiges Wesen schwächer wird oder Deine Ohren in den Fängen von hinterlistigen Fallen geraten sind, sie schädliche Sendungen empfangen, dann wirst Du vom Freund und der Freundschaft langsam gelangweilt sein. Dann wirst Du in den Sog unnötiger Sorgen fallen. Am Ende denkst Du, um Dich von Deinen Sorgen befreien zu können, müsstest Du Dich gleichwertig vom Freund entfernen. Du erwartest Anlässe, um Dich entfernen zu können. Du schaust nach Gegebenheiten, um gekränkt zu sein und nicht mehr mit ihm zu reden. Am Ende passiert das, was Du Dir gewünscht hast, Du wirst Dein Ziel erreicht haben. Du befreist Dich und gehst. Früher hättest Du bei ähnlichen Handlungen nicht so reagiert. Hast Du Dich gefragt, warum Du heute so schnell gekränkt und eingeschnappt bist? Du wolltest gekränkt sein, das war der Grund. Wozu ist die Liebe fähig? Je mehr der Mensch liebt, desto mehr erduldet er. Wenn die Liebe weniger wird, so wird auch das Hinnehmen weniger. Erst wenn wir diese Bedeutung näher betrachten und selbst umsetzen, werden wir die Feinheit besser verstanden haben. Wenn wir jeden, den wir als Freund kannten, bis zum Ende hingenommen oder erduldet hätten, wie wäre das Ende? Das ist eine andere Seite der Angelegenheit. Es gab eine Zeit, da wurde das Gleiche gelebt, es gab niemanden, der gekränkt oder beleidigt war. Als eine Hinterlist wehte, wurden die Herzen geschüttelt. Zum Aushalten ist keine Kraft mehr da. Man dachte, das Glücklich sein ist die Trennung. Lasst uns nicht täuschen, lasst uns nicht täuschen. Der Pfad der göttlichen Liebe ist die Treue, Geduld und von sich selbst zu opfern. Lassen wir uns nicht täuschen. Wir hatten ein

Versprechen abgegeben, auch wenn wir sterben sollten, lasst uns nicht von dem Versprechen zurücktreten.

Wenn Du so friedlich und schön auf dem Pfad des Schöpfers bist, kannst Du bei denen, die Du als Freunde siehst, Handlungen sehen, die Deinem Auge und Herzen nicht gefallen werden. Du kannst in unerwartete Vorfälle einbezogen werden. Beeil Dich nicht, gerate nicht in Panik und beunruhige nicht die Gesellschaft. Äußere nicht unbewusst falsche Wörter, stelle andere nicht unter ein falsches Licht oder mache andere nicht schlecht. Vielleicht hast Du Dich getäuscht. Vielleicht hat jemand, der sich getäuscht hat, Dich getäuscht. Versuche die Angelegenheiten zu analysieren und zu verstehen. Auch wenn Du meinst, alles verstanden zu haben, rede nicht hinter den Personen her, die für den Schöpfer dienen und feinde Dich nicht mit ihnen an. Auch wenn Du meinst, alles gründlich verstanden zu haben, feinde Dich nicht an. Betreibe Du keine üble Nachrede über die Personen, die dem Schöpfer dienen. Diejenigen, die sich täuschen und auf diese Art handeln, haben nicht gerade ein gutes Ende. Denn mehr als nur einer Person einen Schaden zuzufügen, würden sie dem Pfad zum Schöpfer einen Schaden zufügen. In solchen Fällen muss derjenige, dessen Herz sich trübt, auf dem Pfad des Schöpfers weitergehen und wenn es einen vorliegenden Fehler gibt, diese an Allah weiterleiten. Allah ist derjenige, der es am besten weiß. Er ist derjenige, der am besten Rechen-schaften abnimmt. Du läufst auf dem Pfad des Schöpfers, dieser Weg ist sein Weg, dieser Weg gehört niemanden. Die Arten ändern sich, die Gebräuche ändern sich, der Weg geht weiter. Du kannst Deinen Weg nicht mit Personen, denen Du nicht vertraust, weitergehen. Du musst alles Allah zukommen lassen und Deinen Weg mit neuen Freunden, denen Du vertraust, weitergehen. Dann wirst Du an den Gesprächen Gottes teilnehmen. Trenne Dich ja nicht von dem Pfad des Schöpfers, weil Du über jemanden erbost bist. Wende Dich nicht unbewusst von Deinem Schöpfer ab, weil Du von einem seiner Geschöpfe gekränkt wurdest. Vergiss es nicht, auch ein Geschehnis in Deiner Vergangenheit ist ein Teil Deines geistigen Lebens, dieses Geschehnis war ein wichtiger Wendepunkt. Wenn die Tage kommen und Deine Wahrnehmung ausreichend geöffnet ist, wirst Du das besser verstehen. Möge Allah Dich auf SEINEM Weg zu denen gehören lassen, die sich ihrem Schöpfer anvertrauen und mit guten Absichten den Weg bestreiten.

In jeder Beziehung entsteht ein Ideal. Manchmal entwickelt sich die Beziehung dem Ideal entsprechend. Manchmal wendet es sich anderen Sphären des Ideals zu.

Die Zeit kann gekommen sein und unverwirklichte Erwartungen können sich bemerkbar machen. Du darfst Dich nicht von der Hoffnungslosigkeit einfangen lassen, nur weil Deine Erwartungen sich nicht erfüllten. Wenn Deine Beziehung zum Freund eine Beziehung wegen des Schöpfers ist, zweifle nicht daran, dass ein Fundament für viele schönere Positionen geschaffen wird. Allah ist derjenige, der alles am besten weiß. Alles, was für den Schöpfer geschieht, geschieht schön. Unsere Aufgabe ist es, Vorsichtsmaßnahmen zu treffen. Wenn unsere Vorsichtsmaßnahme nicht dem Willen Gottes passt, bleibt uns, uns dem Willen anzupassen. Was haben die Weisen uns gesagt: „Seht, was unser Schöpfer geschehen lässt, egal, was sein Wille ist, er lässt es immer schön geschehen!" Lasst uns sehen, was der Schöpfer zu tun vermag. Alles, was er tut, ist schön. Wir sollten nicht sagen: „Warum ist dies nicht so geschehen, warum ist das so geworden?" Lasst uns sagen: „Was der Allmächtige gemacht hat, hat er gut gemacht!"

Wenn Du Deine Aufgaben dem Schöpfer gegenüber nicht genügend erfüllst, wirst Du gegenüber den Freunden Gottes in Dir eine Kälte und Distanz empfinden. Danach fängst Du an, in den Handlungen des Freundes nach den Gründen dieser Distanz zu suchen. Vergiss nicht, dass

Du von jemandem, bei dem Du nach Fehlern suchst, keinerlei spirituellen Nutzen erreichen kannst. Wenn Du auf Deine Einstellung nicht verzichten kannst, musst Du Dir einen anderen Freund suchen oder die fehlerhafte Brille von Deinen Augen abnehmen und wegschmeißen. Die Schönheit musst Du stets mit einer schönen Absicht betrachten. Indem Du sagst: „Bei ihm sind keine Fehler!", musst Du die Fehler bei Dir suchen. Ansonsten wirst Du mit einem Freund Gottes, der Deiner Meinung nach mit Fehlern behaftet ist, nicht die Wahrheit finden können? Wie kann es sein, dass Du ihm gegenüber Respekt empfindest? Wenn Du nach Fehlern suchst, dann such am besten die Fehler in Deinem fehlerhaften Blick. Wenn Du eine Angelegenheit richtig bewerten und verstehen möchtest, dann frage nach den Absichten der Beteiligten. Wenn Du eine Angelegenheit richtig bewerten, richtig verstehen möchtest, dann versuche die Absichten, der an dieser Angelegenheit beteiligten Personen, zu ergründen. Ist er jemand, der zweckmäßig handelt, um sich der jeweiligen Lage anzupassen und einen Vorteil daraus zu ziehen oder ist er jemand, der an seinen Eigennutzen denkt? Wenn Du in Deiner inneren Welt eines dieser Stempel aufstempeln konntest, wird Dir von seiner Seite keine Wohltat mehr zukommen. Entweder wird diese Entscheidung Dich beenden oder Du wirst mit dieser Entscheidung ihn verlieren. Wenn Du zu solch einer Entscheidung gelangst, musst Du sehr vorsichtig sein. Denn die Wahrheit zu sehen ist keine Arbeit des Verstandes und der Logik. Du musst über ein Auge verfügen, der die Absichten erkennt.

Was ist los? Laufen die Geschäfte nicht so, wie sie sollten? Bist Du aus diesem Grund dem Freund gegenüber gekränkt? Oder vermisst Du die verschmutzte Welt. Möchtest Du zurück zu Deinen Tagen, als Dein Leben durcheinander war? Halte Dich nicht zurück, suche nach den Fehlern des Freundes. Such Dir für die Trennung gute Ausreden, die Dich im Recht erscheinen lassen. Als Du mit ihm gemeinsam den Weg des Schöpfers gegangen bist, hast Du all sein Handeln im Recht empfunden, als richtig bewertet. Ist Dir jetzt danach, möchtest Du die Fehler in der Vergangenheit suchen? Wenn Du nach den Fehlern Ausschau hältst, dann wirst Du so einige entdecken. Halte Dich nicht zurück, suche! Schau, wie viel Schlechtes er Dir angetan hat. Wie vollkommen Du warst. Er hat Dich von Deinem Weg weggelockt, Dich auf die schiefe Bahn gebracht. Er hat all Dein Hab und Gut, alles, was Du hattest, Dir genommen. Er hat Dir falsche Ratschläge gegeben, er hat Dich bedürftig gelassen. Halte Dich nicht zurück, sag es. Du bist ein Verehrer dieser elenden Welt geworden und heute hast Du neue Freunde gefunden. Sage es ihnen auch. Erleichtere Dein Herz, habe Frieden. Lass es stehen, was der Freund für Dich getan hat, sag lieber, wie schlecht er ist. Sage: „Mein Verstand hat nicht ausgereicht, ich kannte das Thema nicht. Was habe ich wegen ihm alles verloren!" Erzähle dann, wie Du zu Grunde gegangen bist. Du bist gekränkt von einem Freund, Du hast Dir einen neuen Freund gefunden. Du hast den einen Freund bei dem anderen schlecht gemacht und hast eine Machenschaft dazwischen gelegt. Auch wenn der neue Freund aussieht, als wenn er zustimmt, glaubst Du, dass der Schöpfer dem zustimmt? Nichts wird demjenigen gelingen, der zwischen zwei Freunden Gottes eine Machenschaft auslöst, das weißt Du. Du hast Dein Versprechen, welches Du dem Freund Gottes gegeben hattest, vergessen. Du hast keine Fehler gemacht, Du hast stets seine Fehler gefunden. Mögest Du Deinen Segen haben von Deinem neuen Freund. Wisse wenigstens seinen Wert zu schätzen. Gelange wieder auf den richtigen Weg und sei treu. Möge Dein Weg der Weg des Schöpfers sein. Befreie Dich von Machenschaften, Hinterlist und Neid. Halte Dich fest an die Ratschläge des Freundes. Du hast viele Anteile anderer für Dich beansprucht, Dein Weg soll der Weg des Schöpfers sein.

Wisse eines, alle Kraft und Macht ist alleinig in der Hand des Schöpfers. Niemand kann ohne seine Genehmigung und seine Hilfe irgendeine Arbeit verrichten. Nur von einigen Freunden Gottes werden die Gebete nicht abgewiesen. Diese werden generell erlaubt oder zugestimmt. Bei einigen unseren Sorgen benötigen wir ihre Gebete und bitten um Hilfe. Das ist normal. Aber wenn wir, ohne auf ihre Ratschläge zu hören, nur an ihre Tür gehen, wenn wir in Not sind, dann würden wir diese heilige Beziehung zu einer Nutzbeziehung umgeändert haben. Man muss auf die Ratschläge der Freunde Gottes gut hören, durch die Umsetzung müssen wir in kürzester Zeit zu denen gehören wollen, die sich zum Guten verändern möchten. Dadurch werden hoffentlich auch wir mit Allahs Genehmigung zu den Dienern gehören, deren Gebete nicht abgewiesen werden.

Du, der neugierig auf seinen Zustand ist, wenn Du Allah und seine Gebote vergessen hast, dann ist Dein Zustand sehr schlecht. Egal, was auch immer Dir dies vergessen ließ, es ist schädlich. Halte Dich von dem und solchen ähnlichen Dingen fern, damit Du Dich an Allah und seine Gebote erinnerst. Der Freund Allahs, der Dir nicht gefällt, den Du fehlerhaft und mit Makel findest, er hatte Dich an Allah und seine Anweisungen näher gebracht. Du bist beleidigt und hast Dich von ihm entfernt. Was ist passiert? Du bist Allah nicht noch näher gekommen. Du hast Dich von Allah und seinen Geboten entfernt. Du bist nun zufrieden mit Deinem Zustand. Wenn Du es gut findest, dann bist Du schon zu Grunde gegangen. Kehre ab, erbitte um Vergebung und versuche aufzuwachen. Denn sonst wirst Du mit diesem Wandel dem Erschaffer gegenüber auch gekränkt sein und den Weg verlassen. Egal, was immer es auch sein mag, habe keine schlechten Gedanken und keinen Hass und sei nicht gekränkt über die Geschehnisse, die Dich auf den Pfad Allahs gebracht haben. Auch wenn Du sie falsch auslegst, sind es nicht die, die Dich auf den Pfad Allahs gebracht haben? Sie haben Dir Gutes getan. Sie sind Dir Freund und alles, was Dich von Allahs Weg fern hält, tut Dir Schlechtes an. Entferne Dich von ihnen und nähere Dich Deinem Erschaffer.

Es wird gesagt, zwischen Allah und seinen Dienern kann niemand dazwischen gehen. Gibt es denn ein Dazwischen? Wenn man von der göttlichen Bekanntgabe (Tebliğ) und der Vermittlung (Telkin) spricht, was hat der Gesandte Allahs gemacht? War er nicht zwischen Allah und dem Diener? Wenn wir behaupten würden, zwischen Allah und seinen Dienern kann niemand dazwischen gehen, wen würden wir abstreiten? Ist nicht zwischen Allah und seinem Resul (Gesandte), der Erzengel Gabriel dazwischen gegangen? Lasst uns ein wenig nachdenken und dann reden. Ansonsten verlieren wir unsere Religion und unseren Glauben.

In jeder Schicht der Gesellschaft gibt es Gute. Es gibt Meister ihres Werkes und es gibt Betrüger. Es gibt Personen, die vom Volk gut angesehen werden, jedoch die Spiritualität, die geistige Ebene nicht gut vermitteln können. Sie machen die Spiritualität zum Werkzeug ihrer Genüsse. Wir leben in einer komischen Gesellschaft, wenn ein oder ein paar dieser Menschen auftauchen, zweifeln sie an der Beziehung, mit denen sie eine Beziehung des Schöpfers wegen haben. Sie zweifeln an den geistigen Persönlichkeiten, die sie sonst lieben und respektieren. Sie bewerten einige Handlungen erneut und suchen nach Fehlern.

Nur weil ein Betrüger aufgetaucht ist, werden alle Personen verdächtigt. Auch die, die der Menschheit dienen, mit Büchern und Konferenzen und ihnen Licht halten. Aber eigentlich passiert ihm selbst etwas, wegen einem Schlechten bleibt er all den Guten fern. Er kann niemandem mehr vertrauen und sich nähern. Er entzieht sich selbst von der Gunst des Schöpfers und bevor er den Segen Allahs erreicht, zieht er von dieser Welt.

Lasst uns aufwachen, lasst uns aufwachen! Lasst uns

wegen einem Schlechten nicht von der geistigen Ebene der Menschheit fernbleiben. Lasst uns einen guten Freund suchen und mit dem Guten zusammengehen. Lasst uns vor Betrügern, Vortäuschenden und Heuchlern uns dem Schöpfer anvertrauen. Lasst uns auf dem Weg des Schöpfers in der Sicherheit des Schöpfers laufen. Lasst uns an Yunus Emre, Mevlana und alle Freunden Allahs erinnern. Lasst uns ihretwegen zum Schöpfer gelangen.

Du schaust auf eine Seite, und siehst eine muslimische Schwester, einen muslimischen Bruder, der nach dem Benehmen, dem Anstand und der Kleidung nach als makellos zu beurteilen ist. Der von sich denkt, dass er alle Gebote präzise ausführt. Alle anderen Personen betrachtet sie/er als fehlerhaft oder außerhalb der Religion. Auf der anderen Seite eine muslimische Schwester, ein muslimischer Bruder, der glaubt, jedoch nur die Gebote befolgt, die zu seinem Verstand passen, und die anderen Gebote beiseiteschiebt, und auf die Personen herabsieht, die den Geboten und Anweisungen folgeleisten. Wie man sieht, finden viele Menschen keinen Gefallen aneinander, sie interpretieren das Heilige Buch, soweit ihr Verstand ausreicht und verurteilen die Menschen danach. Ohne ihre Grenzen zu kennen, mischen Sie sich in die Bewertung des Schöpfers ein. Einige schicken Sie in das Paradies, andere in die Hölle. Neige ja nicht zu solch einem Verhalten. Der größte Fehler, der größte Makel ist es, sich so zu verhalten. Hüte Dich, das Dienersein zu verlassen und sich in das Ermessen Allahs einzumischen. Solch ein Verhalten schleift den Menschen zum Unheil.

Lasst uns die Glaubenden mit wohlwollend betrachten. Lasst uns keine Fehler bei den anderen suchen, ohne dass wir unsere eigenen Fehler sehen. Lasst uns niemanden verurteilen. Lasst uns unseren Erschaffer lieben und den Menschen seine Gebote mit Liebe näher bringen. Lasst uns die Angelegenheit leicht gestalten. Der Glaube ist kein Gut von jemandem. Lasst uns so leben, wie wir glauben, ansonsten werden wir anfangen zu glauben, wie wir leben. Lasst uns gut recherchieren, erforschen und gut lernen. Lasst uns die fehlenden Punkte, die wir nicht ausführen können, anerkennen und für die fehlenden Punkte uns unserem Schöpfer anvertrauen, sowie um Gnade und Verzeihung bitten. Lasst uns kein Gebot abstreiten. Lasst uns diesbezüglich dieser großen Religion keinen Schaden zufügen.

Alles ist im Lot, alles geht seinen Weg. Viel Verdienst und die Gaben gibt es auch. Alles, was Du Dir im Leben gewünscht hast, ist an Deiner Tür; Ruf, Hab und Gut, Reichtum, Karriere, alles auf der höchsten Stufe, dann kommt eines Tages eine Krankheit an Deine Tür und wird anklopfen. Ohne dass dieser unerwartete Gast hereingebeten wird, wird er herein gehen. Er wird versuchen, Dich mit einigen Hinweisen zu warnen. Er wird zu Dir sagen: „Nun wach auf, das kann nicht so weitergehen!" Wenn Du nicht aufwachst, gehst Du weg und kehrst zurück zu Deinen alten Tagen, ohne Bewusstsein oder Du erledigst Deine Arbeit und ziehst in die andere Welt. Wenn alles in Ordnung ist und Du so lebst, als wenn Du nie sterben würdest und es kommt eine Krankheit und warnt Dich, dann führe Deine Gebete so aus, als ob Du morgen sterben würdest. Wache auf, sieh Dir den Zustand der Schlafenden an. Sieh sie Dir an und danke Deinem Schöpfer, der Dich aufgeweckt hat. Heute hat die Krankheit an Deiner Tür geklopft. Er wollte Dich warnen, Du bist nicht aufgewacht. Morgen wird der Tod an Deiner Tür klopfen. Wenn Du dann aufwachst, wird es zu spät sein. Wache auf, Du trockener Verstand, wache auf. Eines Tages wird diese Wahrheit auch Dich verschlingen.

Sage nicht: „Ich habe für den Schöpfer geliebt und was ist passiert?" Hat der heilige Geliebte Deine sensible Stelle getroffen? Dein Verstand, der damals alles angenommen hatte, warum hat er sich später entfernt? Was hat er gesehen, was hat er verstanden? Ist er auf die Wörter der Machenschaften hereingefallen? Wie schnell wurde er getäuscht? Dein Verstand wird Deine Angelegenheit nicht verstehen. Dein Verstand kann nicht weiter gehen als die Form. Siehst Du, er hat sich umgeschaut, ist umhergegangen und wieder dort hängen geblieben. Er hat das Herz vergessen und ist auf ein Wort hereingefallen. Er hat sich hinter der Form aufgehalten. Er dachte, die göttliche Liebe wäre der Clown der Form. Es gab eine Zeit, da hat es Dein Herz angenommen, aber es wurde vergessen. Es passt einfach nicht in den Verstand. Es dreht und wendet sich und der Verstand bleibt an der Form hängen. Die Form wird tagesaktuell, denn langsam stirbt das Herz.

Vergiss nicht, eines Tages wirst Du zu IHM zurückkehren. Und wenn ER Dir diesmal SEINEN Finger in Dein Auge steckt, wirst Du nicht nein sagen können. Du sollst den unendlichen Anstand erlangen. In Deinem Respekt keinen Grund zur Beanstandung bieten. Die bis auf die Knochen der göttlichen Liebe verfallen sind und im Regen der göttlichen Liebe zu ihrem Schöpfer rennen, werden eines Tages ihren Verstand besiegen. Sie werden über die Machenschaften und der Hinterlist stehen. Vertraue nicht Deinem Verstand, er wird kaputtgehen. Vertraue Deiner göttlichen Liebe, er wird Dich erneut wiederbeleben.

Tue in diesem Zwischenraum nichts, was nicht aus Deinem Herzen kommt.
In diesem Zwischenraum wirst Du mit der göttlichen Liebe bereinigt.
Mische keine Zitrone in das Zuckerwasser.
Probiere nicht aus und täusche Dich nicht in diesem Zeitraum.
Schließe Dich nicht Deinem Verstand an und schaue zurück in diesen Zwischenraum.

Das Wetter ist manchmal bewölkt, regnerisch und manchmal scheint die Sonne. Der Zustand der Seele des Menschen ist ebenso. Er ist bedrückt und sein Himmel bewölkt sich. Er ist traurig und weint, es regnet. Er freut sich und ist glücklich, in seinem Gesicht geht die Sonne auf. Versuche nicht, wenn Dein Wetter bewölkt ist, nach dem Grund zu suchen. Erhöhe nicht den Bluthochdruck und lass es gewittern und gib erst recht nicht den Vorfällen die Gelegenheit hoch zu erklimmen, sodass ein Blitz fällt. Warte ruhig und geduldig darauf, dass der göttliche Regen mit seinem Segen in Dein Herz fällt. Siehe, wie danach die Sonne aufgehen wird und wie mild der Wind des Glücklich seins wehen wird. Suche ja nicht nach Gründen, wenn Du bedrückt bist, tauche ja nicht in die Vorkommnisse.

Wenn Deine Seele bedrückt ist, so wird es einen Grund geben.
Wenn Du traurig bist, so wird es einen Grund geben.
Suche nicht in der Ferne nach dem Grund.
Ob Du es weißt oder nicht!
Jede Sorge hat seinen Grund.
Unter jeder Sorge, dessen Grund Du nicht findest,
Ist der Grund der Gründe die göttliche Liebe.

Wenn der Mensch in seinem gelassenen Zustand ruhig und friedlich ist, findet er sein wahres Wesen. Indem er ausgeglichen handelt, fällt er richtige Entscheidungen. Aber dieser Zustand ist nicht bleibend. Plötzlich kann ihm ein unerwünschtes Ereignis gegenüberstehen. Diejenigen, die vermuten, dass solch unerwartete Ereignisse stattfinden können, bereiten sich auf diese vor und können das Gleichgewicht wahren. Sie können ihren entschiedenen Zustand fortführen. Die Ereignisse können nicht das Denkvermögen durcheinander bringen und auch nicht das Gleichgewicht stören. Somit können sie die unerwarteten Ereignisse, die den Frieden stören, auf die beste Art und Weise überstehen und verhindern, dass noch größere

Zustände kommen können. Bereite auch Du Dich in Deinen ruhigen und friedlichen Tagen vor, erziehe Dich selbst und lege für Dich fest, wie Du bei unerwarteten Ereignissen zu reagieren hast. Verfestige dieses Vorgehen in Deinem Unterbewusstsein, sodass Du solche Ereignisse leicht überstehst und Dich leicht herausziehst. Sei bei jedem unvorhergesehenem Ereignis bei Deinem Schöpfer, bewahre einen kühlen Kopf. Verliere nicht Dein Talent, Deine Gabe, gesund zu denken und gesund zu handeln. Wenn es erforderlich ist, härter zu werden, tue dies als kontrollierte Handlung. Reg Dich nicht auf, Du wirst an Händen und Füßen zitternd nicht viel erreichen. Du wirst keine Angelegenheit klären. Wenn Du Dich aufgeregt hast, heißt es, das Geschehen wird sich unkontrolliert entwickeln. Gehe nicht auf die Geschehnisse ein. Leg eine Pause ein und versuche Dich zu beruhigen. Verliere nicht die Kontrolle, führe jede Handlung bewusst aus und versuche jedes Benehmen nach gereifter Überlegung auszuführen. Bei Themen, bei denen Du eine Entscheidung fällen musst, versuche diese nach Möglichkeit mindestens einen Tag zu verschieben. Versuche eine Nacht darüber zu schlafen, damit Du ein Umfeld finden kannst, um gesund zu denken und eine Entscheidung fällen kannst. Vergiss nicht, nach jedem bewölkten Wetter kommt die

Sonne zum Vorschein. Kein Problem ist ohne eine Lösung. Jedes Problem hat eine Lösung. Ein Problem, das keine Lösung hat, ist kein Problem. Es lohnt sich nicht, darüber nachzudenken und sich fertig zu machen.

Bereite Dich nicht darauf vor, eine Schuld zu begehen. Sei der Regierung und ihren Gesetzen gegenüber respektvoll. Sei mit jedem in Frieden. Mische Dich nicht in das Privatleben von anderen ein, sei dem Glauben anderer gegenüber respektvoll und sei spendierfreudig. Wenn man Dir zuhört, erzähle das Richtige. Wenn man Dir nicht zuhört, dränge nicht und trage keine Diskussionen aus. Die Diskussionen stören die Kontrolle und sind Gründe für Streitereien. Trage keine Tatwaffen bei Dir. Eigne es Dir als unwiderrufliches Prinzip an, Dein Recht durch die Gesetze zu suchen. Lass kleine Unstimmigkeiten, solange es nicht sein muss, zu Größeren werden. Versuch das Thema zu beenden und im Guten zu verbleiben. Ansonsten: "Die Zunge hat keinen Knochen." Wenn etwas aus Deinem Mund kommt, kannst Du es nicht zurücknehmen und es kann Dir Unheil bringen. Es kann Dich in Bedrängnis bringen. Wenn Du Dir später keine Vorwürfe machen möchtest, in Frieden leben möchtest, gesund bleiben möchtest, dann achte auf diese Dinge.

Du wirst nichts erledigen können. Du kannst keine Angelegenheit lösen. Denk bei jeder Handlung, bei jeder Behauptung daran, erlange das Wissen darüber, damit Du die Sache beenden kannst. Überlasse diese Verhandlung, diese Behauptung Deinem Schöpfer. Mal sehen, was er wünscht, was sein Wille ist. "Wir sind nicht hier für eine Verhandlung!" Unser Anliegen ist das Lieben, mit der Liebe die Lösung für das Problem zu erlangen. Unser Ziel: Wir sind weinend auf die Welt gekommen, um diese Welt lachend zu verlassen.

ER erleichtert das Schicksal von allen. Die Wünsche und Interessen, die den Menschen zu seinem Schicksal führen, werden ihm vom Schöpfer gegeben. Der Wunsch vom Zahid zum Paradies zu gelangen, in den Villen des Paradieses leben zu wollen, kommen von IHM. Den Gottesliebenden hingegen wurden der Wunsch des Wiedersehens, der Wiedervereinigung mit dem Schöpfer und der Wunsch an den Gottesgesprächen teilnehmen zu wollen gegeben. Nach welchen Kriterien wird dies vergeben? Warum wird es vergeben? Der allmächtige Erschaffer lässt dies jedem, je nachdem, wie ER ihn erschaffen hat, zukommen. Hier reichen der Verstand und die Wahrnehmung nicht aus. Wenn der Verstand alles lösen könnte, würden alle mit viel Verstand die Geliebten Allahs sein. Alle würden mit der göttlichen Liebe brennen.

Vertraut euch Allah an vor den Dingen, die ihr fürchtet, damit ihr sicher seid. Als eines Tages einige vom Gefolge des Propheten auf einem Weg liefen, kam ein Löwe. Als sie verzweifelt nach Auswegen suchten, kam Hz. Ömer den Löwen an einem Ohr festhaltend zu ihnen an den Wegrand. Er sagte: „Wenn ihr euch dem, der euch erschaffen hat, anvertraut, werdet ihr sicher vor dem sein, wovor ihr euch fürchtet!" Wir sagen Dschin und haben Angst. Wir sagen Außerirdische und haben Angst. Vor dieser Art Wesen fühlen wir uns nicht in Sicherheit. In diesen Fällen können wir nicht in die Technologien und unseren Verstand vertrauen. Denn sie sind nicht ausreichend. Lasst uns anvertrauen, lasst uns anvertrauen. Seine Macht und Kraft reicht über alles, was ER erschaffen hat. Demjenigen, der sich IHM anvertraut, kann niemand einen Schaden zufügen. Er ist sicher vor dem, wovor er sich fürchtet.

Am Ende jeden Tages, bevor Du Dich in Frieden hinlegst, frage Dich einmal das, was Hz. Ömer sagte: „Was habe ich heute für Allah getan?“ Erstelle eine Bilanz des Tages und bewerte es. Welche Freude für all diejenigen glückseligen Diener, die neben all dem Tun und Arbeit sich Zeit für Allah nehmen. Welch Glück für die Menschen, die an jedem Tag an Allah denken, ihn in Erinnerung bringen und die an jedem Tag für Allah arbeiten. Diese Menschen werden sich nachts in Frieden in ihr Bett legen. Sie werden in Frieden aus ihrem Bett aufstehen und einen neuen Tag in Frieden beginnen.

Diejenigen, die die geistige Reife erlangt haben, werden den Scherz ernst annehmen. Wen legst Du herein? Mit wem betreibst Du Deine Spielchen? Indem sie so tun, als ob sie hereingefallen wären, lassen sie Dich hereinfallen und Du wirst es nicht wissen. Schlafende wie Du werden den Ernst als Scherz annehmen. Wie viele Personen gehen zu ihnen an einem Tag und versuchen ihn zu prüfen? Wie viele Personen wollen ihn bemogeln, um ihn das gewünschte Gebet aussprechen zu lassen. Und sie tun so, als wären sie hereingefallen. Du bist immer noch ein Mann der Verhandlungen. Du bist ein weltlich aufgeweckter, ein guter Verkäufer. Du kannst Deine Ware nicht mit Farbe bemalen und sie täuschen.

Erfreue Dich nicht neben Menschen, die in Not sind, lache und amüsiere Dich nicht neben Menschen, die in Not sind, lache und amüsiere Dich nicht neben einem Kranken. Dein Zustand wird ihm Leid zufügen. Du wirst ein Grund sein, dass er traurig wird. Vor allem sich über solche Menschen lustig zu machen ist ein Fehler. Würdest Du es akzeptieren, wenn man das Gleiche mit Dir machen würde? Wahrscheinlich würdest Du dem Menschen, der dies macht, nicht mehr ins Gesicht blicken. In diesem Zusammenhang tue nichts, was Dir selber nicht gefallen würde, behandle die anderen, wie Du es selbst gern hättest. Egal, was auch immer passiert, sich über andere lustig zu machen oder sie hereinzulegen, ist eine primitive Handlung. Der Name hierfür kann nicht Scherz sein. Man macht keinen Scherz, um andere nieder zu machen. Man macht einen Scherz, um sie glücklich zu machen und zu erfreuen. Der Scherz ist zusammenführend, nicht zerrüttend.

In der heutigen Zeit wird niemand den Mundgeruch des anderen ertragen. Den Mundgeruch ertragen, was ist damit gemeint? Diese Redewendung, die im Volksmund gebraucht wird, was ist damit gemeint? Der Mundgeruch wird am meisten unter verheirateten Partnern zum Gesprächsthema. Der Atem von jedem Menschen riecht. Einige riechen schwer, andere wiederum leicht. Die Menschen, deren Atem schwer riecht, müssen eine Vorbeugung treffen. Es gibt viele Möglichkeiten, dieses störende Anliegen zu beheben. Dies ist die physische Seite. Aber der liebende Mensch ist nicht vom Mundgeruch gestört und riecht den Mundgeruch nicht. Wenn die Liebe groß ist, bemerkt er es nicht einmal. Das bedeutet, der Mensch nimmt den Mundgeruch wahr, wenn die Liebe weniger wird. Wenn er nicht mehr liebt, sagt er dann: „Ich kann Deinen Mundgeruch nicht mehr ertragen!" Im übertragenen Sinne bedeutet dies: „Ich kann Dein Unheil nicht mehr ertragen." Die uns übermittelten Weisheiten und Redewendungen der Ahnen, geben uns mit wenigen Wörtern große Bedeutungen wieder. „Was vom Hay kommt, geht zum Hu!" Diese Wörter benutzen die Menschen jetzt für geklaute Gegenstände. Sie haben die Wörter auf eine falsche Seite verschoben. Die richtige Bedeutung dieser Wörter ist: „Wer mit Hay kommt, wird mit Hu gehen!" Das bedeutet, dass der Mensch mit dem Namen Allahs – Hay – in das Leben gerufen wird und mit dem Namen – Hu – stirbt. Mit dem Ein- und Ausatmen werden wir lebendige Zeugen dessen. Wenn wir einatmen, sagen wir „Hay" und kommen in das Leben und wenn wir ausatmen, sagen wir „Hu" und sterben.

Im Volksmund wird „ebdal" als „aptal" gebraucht und „budela" als „budala". Beides trifft somit nicht mehr seine eigentliche wahre Bedeutung. „Ebdal" ist ein Wissender Allahs (Veli). Die Wissenden Allahs haben besondere Ausstattungen und Zustände bzw. Gefühlslagen. Sie reden wenig, denken viel. Schlafen wenig und beten viel. Sie essen wenig und sind sehr geduldig. Sie leben fern vom Volk und nah beim Schöpfer. Das Volk hat dieses schöne Wort zum „Aptal“ gewechselt und in der Bedeutung als Trottel, nichts Begreifender verwendet. Der Kreis der „Ebdal“ besteht aus sieben Personen. Diese haben das Geheimnis von Tevhid und der Gottes Einheit erlangt. Sie können an ganz anderen Orten entfernt mit ihren Körpern gesehen werden. Sie dienen dort und gehen auf Reisen. Von den Sieben leitet einer als Haupt die anderen an. Wenn dieses Haupt woanders hingeht, benennt er einen Stellvertreter für seinen Platz. Aus diesem Grund nennt man den, der sein Stellvertreter ist, „büdela“. Das Volk hat das Wort zum „Budela“ ausgewechselt und wieder in einer unangebrachten, unschönen Weise verwendet. Wenn Ihr auf alltägliche Gespräche achtet, werdet ihr noch andere traurige Beispiele wie diese finden. Leider ist es mit den Namen ebenso, heilige Namen wurden zum Spott gebraucht und in schlechte Bedeutungen mit einbezogen, so dass es soweit kam, dass keine Kinder mehr diese Namen erhalten. Dies sind die Spiele des Teufels. Dies ist seine Hinterlist, sein Verkaufsstand. Seine Arbeiten verrichtet der Teufel heimlich und heimtückisch. Das Volk wird von den schönen Bedeutungen entfernt und bindet sich an

Stein und Erde. Es werden Namen gebraucht, die keine Bedeutung tragen. Die Menschen sind der Bedeutung der Buchstaben in ihren Namen und dem Namen nah.

Wenn Ihr immer wieder das gleiche Lied singt, so werdet Ihr sehen, dass Ihr es unbewusst vor euch summt. In einem unerwarteten Moment hört Ihr die Wörter aus eurem Herzen. Da es sich vom Mund in die Ohren, von den Ohren im Herzen ihren Platz eingenommen hat. Das Lied wird eine lange Zeit nicht aus Eurem Herzen gelöscht. Wenn wir anstelle eines Liedes Allah sagen, wenn wir die schönen Namen Allahs benennen würden und sie in unserem Herzen Platz nehmen lassen, wie schön würde das sein. Dann würden die Namen Allahs nicht aus unserem Herzen gelöscht werden. Auch die Namen Allahs und seine Züge, seine Eigenschaften in Worten zu benennen, zu rezitieren, haben seine Form und seinen Abstand. Dies muss man bei den Ärzten der Herzen erlangen. Sie wissen gut, welche Namen, welche Wirkungen erzielen. Ansonsten kann man an der Stelle, in der man einen Nutzen erwartet, auch wegen einer falschen Anwendung einen Schaden hervorrufen. Wenn man zum Beispiel, ohne es zu wissen, den Namen des Zerstörenden aufsagt. Manche Menschen bringen ihren Seelenzustand durcheinander, da sie den heiligen Namen, ohne ihren Sinn zu kennen, in hohem Maß rezitieren. So wie jede zu hohe Anwendung schädlich ist, ist auch das Benennen der Namen Allahs in hohem Maß und das Rezitieren (Dhikr) schädlich. Lasst uns bei jemandem, der es weiß, fragen, wann welche Namen aufgesagt werden sollten. Lasst uns den Ratschlägen passend handeln. Dann werden wir unser Ziel erreicht haben.

Als Ergebnis davon, um ein reifer Mensch werden zu können, sollten wir auf folgende Gegebenheiten achten:

Fülle Dein Herz nicht mit Hass und Kin. Sei fern von Rachegefühlen. Wenn Du es kannst, dann erbitte auch für diejenigen, die Dir Schlechtes angetan haben, Gutes, wünsche Dir ihre Übereinkunft mit dem Schöpfer oder dass sie sich mäßigen. Allah beschützt diejenigen mit guten Absichten, er sieht auf sie, er lässt sie nicht hilflos. Vergiss nicht den Erschaffer und habe Angst vor dem Geschaffenen (Geschöpf). Sei genügsam mit Deinem Anteil, der Dir zukommt und erbitte geistigen und materiellen Zuwachs, beabsichtige sie in Wohltaten zu verwenden. Was Du Dir wünschst, wünsche es Dir von Deinem Schöpfer, was Du erwartest, erwarte es von Deinem Schöpfer. Wisse das Volk als Grund. Vergiss nicht den Anteil der guten Gründe.

Fühle Dich Menschen gegenüber, die Dir materiell,

finanziell helfen, nicht verpflichtet, fühle Dich nicht unterdrückt. Die eigentliche Verpflichtung, die Bringschuld, muss man gegenüber dem Schöpfer haben. Diesen Menschen, der Dir geholfen hat, kannst Du als schönen Menschen des Schöpfers erkennen. Denn die Tat hat er über seine Hand ausgeführt. Dies kann man schätzen und diese Ehre, die ihm zuteilwurde, achten. Aber Verpflichtung empfindet man nur gegenüber seinem Schöpfer.

Verschönere Deinen Charakter von Tag zu Tag. Hüte Dich vor zu vielem Reden. Rede nicht ohne Nutzen und unnötig. Unterbreche andere nicht beim Reden. Entferne Dich von unnötiger Gesellschaft, schlafe wenig, iss wenig. Bete nicht, um anzugeben und vertraue nicht in Deine Gebete. Sieh Dich nicht erhaben aufgrund Deiner Gebete, die Du vollziehst. Sei nicht eifersüchtig auf andere.

Sei spendierfreudig. Trage keine schlechten Absichten. Verwende keine schlechten Wörter, benutze keine Ausdrücke. Lass in der Religion keine queren Gedanken zu, passe Dich der Wahrheit an. Danke viel für all die Gaben, die uns gegeben werden. Bevor Du die Hoffnung an Allahs Segen aufgibst, vertraue Dich IHM an, vor SEINEM Schmerz, vor SEINER Strafe. Trenne Dich von dem Wunsch ein Haupt, ein Leiter zu werden, verzichte auf den Wunsch gelobt zu werden. Verlasse die Träume und den Wunsch nachzueifern. Sei geduldig damit, Deine wahren Bedürfnisse decken zu können. Lasse Deine wahre Persönlichkeit reifen, ohne jemanden nachzuahmen. Sei treu und vertrauenswürdig, indem Du Dein Versprechen hältst. Sei genügsam, bleibe fern von dem nie genug bekommenden Blick.

Bleibe fern von dem leicht verrückten Benehmen, sei würdevoll. Verliere Dein Schamgefühl nicht mit Unverschämtheit. Lege keine Machenschaften in die Gesellschaft und führe sie nicht dazu, sich untereinander nicht zu verstehen. Sei nicht rechthaberisch, sei anpassend. Bleibe fern von Heuchelei, von Grobheit und Unsensibilität und von unhöflichem Benehmen. Halte niemandem seine Fehler vor, halte Dich fern von Betrügereien. Übe Deine Kritik gegenüber Personen, mit denen Du den Pfad des Schöpfers gehst, mit Gewissen aus.

Die Menschen sind verantwortlich dafür, den sich entwickelnden Geschehnissen gegenüber Vorsichtsmaßnahmen zu treffen. Triff Du Deine Vorsichtsmaßnahmen und mische Dich nicht in den Willen Gottes ein. Nur gegenüber den Freunden Gottes musst Du Deine Vorsichtsmaßnahmen verlassen und sich ihren anpassen. Alle getroffenen Vorsichtsmaßnahmen kommen vom Schöpfer. Suche Du beim Freund Gottes die unendliche Quelle der Vorsichtsmaßnahmen. Der Unendliche ist der Schöpfer, alles andere ist vergänglich.

Verbringe Dein Leben nicht umsonst, erwache aus dem Schlaf des Nichtwahrnehmens. Schaue Dir die Wahrheit von allem an. Schreite auf dem Pfad des Schöpfers ohne Heuchelei. Täusche Dich nicht selbst. Vergiss nicht, der, der sich selbst täuscht, täuscht alle anderen. Bring den Spiegel Deines Herzens mit der göttlichen Liebe zum Glänzen. Befreie Dich von den fünf Sinnen und den sechs Richtungen, betrachte das Geheimnis des Universums in dem Spiegel Deines Herzens. Entledige Dich von allen Vorgaben der Welt. Sei frei. Auch wenn Du isst und trinkst, werde nicht der Gefangene von den Genüssen des Essens und Trinkens. Ernähre Deine Seele mit dem göttlichen Licht Allahs und sei abhängig vom göttlichen Licht Allahs. Wo auch immer Du ein Gesicht mit dem göttlichen Licht findest, verpasse nicht die Gelegenheit. Nehme Dein Anteil und sättige Dich. Die Nahrung des Herzens ist das göttliche Wissen (Irfan). Das göttliche Wissen wird mit dem Zucker des Bewusstseins genährt. Ja, sammle in Deinen spirituellen Gedanken vom Baum des Universums die Samen vom Wissen Allahs und füttere den Vogel Deines Herzens, der in dem Käfig des Körpers gefangen ist.

Wenn Du schlauer werden willst, finde keinen Gefallen an Deinem Verstand. Wenn Du ein Mensch mit guten Eigenschaften sein willst, lobe nicht Deine Eigenschaften. Verstehe die Kraft Deines Verstandes anhand der Erfolge Deiner Arbeiten. Wenn Du die Schönheit Deiner Eigenschaften verstehen willst, erkenne sie an der Zufriedenheit der Menschen in Deinem Umfeld. Es ist nicht ausreichend, sich selbst zu gefallen.

Der schlaue Mensch ist ein guter Verwalter. Er verwaltet die Menschen gut. Bring keine störenden Situationen hervor. Mäßige störende, nicht friedliche Situationen, unterbinde Diskussionen und Auseinandersetzungen. Sei Streitereien eine Hürde, unterbinde sie. Ermögliche den Frieden, behalte den Frieden bei. Jemand mit guten Eigenschaften kann sich sogar mit Menschen mit schlechten Eigenschaften gut verstehen. Bleibe fern von Rachsucht, Eitelkeit, Gram, übler Nachrede, Argwohn, Lügen und Betrügereien. Wer anderen Vertrauen gibt, wird in seinem Umfeld geliebt. Wenn Du auch ein Mensch mit guten Eigenschaften und ein schlauer Mensch sein möchtest, dann lerne Deine schlechten Eigenschaften gut kennen und verlasse sie eins nach dem anderen. Verbinde Dein Verstand mit Deinem Herzen und verfüge über den wahren gesunden Verstand.

Das Herz hört man besser, wenn man wenig gegessen

hat. Sei nicht richtig satt, stehe halbhungrig von der Tafel auf. Wenn Du, ohne es zu wollen, einen Fehler begangen hast, bereue, was Du getan hast und bitte um Vergebung. Sei nicht rebellisch wegen der Dinge, die Du nicht erlangt hast. Sei Besitzer der Genügsamkeit. Die Genügsamkeit ist der wahre Reichtum, er befreit Dich vor dem Sklavensein, von den Dingen, die Du nicht erreicht hast. Wenn Du viele Sorgen hast, verfalle in solch eine Sorge, die Dich alle Sorgen vergessen lässt. Liebe den, der Dich geschaffen hat, sehr. Liebe niemanden so sehr wie IHN. Liebe IHN mit göttlicher Liebe, mit der Liebe zum Schöpfer gefüllten Herzen. Wenn Du nicht so handelst, wird ER Dich mit denen, die Du liebst, prüfen. Du wirst unangebrachtes Benehmen und Respektlosigkeit erfahren. Erbose nicht, sei geduldig. Wenn Du den Grund verstanden hast und annimmst, wird dieses Benehmen sich bessern und zum Normalen zurückkehren. Die Du liebst, werden es auch bereuen und sich bei Dir entschuldigen. Allah hat Dich sehr liebend erschaffen. Werde SEINER Liebe nicht untreu. Sonst werden diejenigen, die Du liebst, dir auch untreu. Liebe, indem Du Dein Herz an den Schöpfer bindest. Höre, indem Du Dein Herz an den Schöpfer bindest. So wird Dein Seelenohr gegenüber schädlichen Informationen geschützt sein. Er wird ständig für das Tonband des

Schöpfers offen sein.

Achte auf Dein Benehmen, Deine Kleidung, wie Du Dich hinsetzt und aufstehst. Erwecke nicht die sexuellen Begierden anderer. Ich mische mich nicht in Dein Privatleben ein. Mische Du Dich auch nicht mit Deinem Benehmen und Deinen Handlungen in das Privatleben anderer ein. Treibe nicht ihre Gefühle an und lasse nicht ihre sexuellen Begierden aufsteigen. Gehe nicht in ihre Vorstellungen und triff Dich nicht mit ihnen, in ihren Träumen. Während Du Dich schützt, wirst Du auch andere geschützt haben. Frage mich diesbezüglich nach keinem Maß. Ich kann Dir nicht den Kern der Angelegenheit erklären. Das Maß setzt Du selbst, lege es selbst fest. Schau mit Deinem Wissen, mit Deiner Gesellschaft, mit Deiner Religion und deinem Glauben, lege ein Maß fest. Führe das, was Du kannst, aus, und erkenne Deine Unfähigkeit in den Dingen, die Du nicht ausführen kannst.

Ohne Allahs Befehle und Allahs Buch abzustreiten, erbitte Verzeihung bei Allah. ER ist ein so schöner Vergeber. Sei nur zurückhaltend vor IHM, halte Dich nicht zurück vor anderen. ER ist es, der die Ausreden, die Gründe, am besten sieht.

Solange Du nicht musst, rede und befreunde Dich nicht mit schlechten Menschen. Sei es nur einmal, nimm die falschen Angebote nicht an. Nimm nicht daran teil, der anderen wegen. Auch wenn Deine Triebseele, Dein Nafs, sich gegen Dich verbündet, bleibe nicht fern davon, Allahs Gebote und Befehle zu befolgen. Triff Dich mit denjenigen, die das Antlitz des Schöpfers lieben. Nimm den Zustand von ihnen an.

Nimm den Tod als Lehre und erlange das Bewusstsein, dass das Sterben vor dem Sterben der höchste Genuss ist. Lies das Buch Allahs und begreife die Bedeutung. Nimm die Namen und die Züge Allahs wahr. Sei sensibel ihnen gegenüber. Wenn Du einen von ihnen hörst, erzittere und spüre die Anziehung im Herzen. Den Tag des Wiedersehens mit dem Schöpfer herbeisehnend, erwarte mit großem Wunsch und Begehren diesen Moment. Auch wenn ein ganzes Leben vergeht, sei nicht gelangweilt und ermüdet von diesem Wunsch und verzichte nicht darauf. Erlange die Reife darüber, dass es die größte Gabe ist, dieses Ziel zu verfolgen.

Mein Allah, DU hast uns mit DEINER Liebe keine Entscheidung gelassen. Wir sind der Fang in DEINEN Fallen. Zieh uns mit DEINER Anziehung zu Dir. Lasse nun DEINEN hilflosen Fang wiedereinmünden, zu DIR gelangen, befreie ihn aus der Hilflosigkeit. Entferne unser Leben, unsere Seele der weltlichen Registrierung. Erfreue uns mit der Widerspiegelung DEINES Antlitzes. Lass uns zu denen gehören, die in den Gesichtern der Freunde Gottes über DEIN göttliches Licht ihren Anteil entgegennehmen. Bewahre uns vor Betrügenden, die sich als Freunde Gottes ausgeben. Beschütze DU unsere Augen, unser Herz.

Auch wir sind auf dem Weg, diese Erde zu verlassen. Die Erde ist der Gastgeber und wir die Reisenden. Wir haben den Frühling des Lebens durchlaufen, sind nun im Winter. Auf unsere Haare ist Schnee gefallen, sie sind grau geworden. Wir haben ein Leben verbracht, wir haben gelebt, auch wir sind unter den Gehenden. Wir haben nichts verstanden, wie schnell sind die Jahre vergangen, ohne dass wir es bemerkt haben. Als wenn das Leben und all die Jahre in einem Moment verschwunden sind und in einem Moment eine Vorstellung, ein Traum geworden sind. So schnell, wie die Vergangenheit vergangen ist, so wird die Zukunft auch vergehen. Jeder hat eine Wahl. Die einen werden das Paradies, die anderen den Schöpfer auswählen. Die, die sich die Welt ausgesucht haben, sie werden nichts von dieser Welt mitnehmen können. Sie werden das Futter der Welt sein und in die Erde fallen. Die Seele wird von einem unendlichen Feuer erwartet.

Kommt, meine Geschwister, versteht diese Wahrheit,

begreift es und erlangt das Bewusstsein. Ihr werdet die Erde nicht aufessen, die Erde wird Euch verschlingen. All das, was Ihr Gutes auf der Erde getan habt, nur das wird mit Euch gehen. Schaut die Häuser, die Skulpturen, die Felder… Wie viele Besitzer sind gekommen und gegangen, wie viele Besitzer werden noch gehen… Der Menschensohn ist nackt auf die Erde gekommen, er wird zwei Meter Stoff angezogen haben und gehen. Hinter ihm geht weder sein Auto, noch sein Haus, noch sein Garten oder Feld.

Über den Autor

Faruk Dilaver wurde 1946 in Samsun, Türkei geboren. Er studierte Wirtschaft und Business an der Universität in Eskişehir.

Nach dem Studium bildete sich Faruk Dilaver im internationalen Bereich in der IT-Branche weiter und belegte Computerkurse in Deutschland und Großbritannien. Mit seinen Dienstleistungen trug er maßgeblich dazu bei, den Computer in der Türkei einzuführen.

Nachdem Ausscheiden aus seinem Berufsleben nach 30 jähriger ununterbrochener Tätigkeit als Geschäftsführer, Manager, Unternehmer und technischer Experte, widmete er sein Leben, um die Gedanken und den Humanismus von Yunus Emre zu erforschen und zu verbreiten. Er gründete einen **Yunus Emre Kultur- und Solidaritätsverein** in Ankara. Parallel zu seinen For-schungen und Recherchen über Yunus Emre schrieb er mehrere in der türkischen Sprache veröffentlichte Bücher. Zwei seiner Werke erschienen in englischer Sprache.

Faruk Dilaver hält Vorträge auf nationaler und internationaler Ebene. Jährlich werden mehrere Seminare und Konferenzen, angelehnt an die Gedanken von Yunus Emre, für die Liebe, den Frieden und die Nächstenliebe, veranstaltet.

Faruk Dilaver ist verheiratet und hat 2 Kinder.

Glossar

a.s.s. - ist die Abkürzung des Segensspruches für den Pro-pheten:sallal Allahu alaihi wa sallam" und bedeutet "Allahs Segen und Frieden seien auf ihm"

Anstand - Edep

Azrael - Todesengel

Ebül Vakt - Vater der Zeit

Elif - Elif ist der erste Buchstabe im arabischen Alphabet

Hak - Schöpfer,Gott

Ibnül Vakt - Kind der Zeit

Kaaba -Haus Gottes , Wallfahrtstätte

Kul- Diener

Ilmi Ledün - das Wissen, welches Allahs Wissen mit-/ umfasst

Miradsch - Himmelfahrt

Refref - Reittier des Propheten, um zur höchsten und äußersten Himmelsphäre zu gelangen

Sadschda - Niederwerfung

Salat - Gebet

Sohbet - göttlichen Gespräche, Unterhaltungen über den Schöpfer, Gottesgespräche

Sunna - Konzept einer Handlungsweise des Propheten, Verhaltensweise

Tavaf - umreisen/ umrunden der Kaaba

Triebseele - Nafs -Ego- animalische Seele

Wudu - rituelle Waschung - obligatorische Waschung vor dem Gebet

Zekat - Die soziale Pflichtabgabe gegenüber den Mitmenschen